为何逐光：
社工的苦乐与忧喜

史铁尔　毕文强　王志丽　主编

 中国社会出版社

国家一级出版社·全国百佳图书出版单位

图书在版编目（CIP）数据

为何逐光：社工的苦乐与忧喜 / 史铁尔，毕文强，
王志丽主编 . -- 北京：中国社会出版社，2024.12
（2025.3重印）.（中国社工故事 / 余细香主编）.
-- ISBN 978-7-5087-7118-2

Ⅰ . D632-49

中国国家版本馆 CIP 数据核字第 202442HG43 号

为何逐光：社工的苦乐与忧喜

出 版 人：程 伟
终 审 人：郑双梅
责任编辑：余细香
装帧设计：时 捷
出版发行：中国社会出版社
　　　　　（北京市西城区二龙路甲 33 号　邮编 100032）
印刷装订：北京九州迅驰传媒文化有限公司
版　　次：2024 年 12 月第 1 版
印　　次：2025 年 3 月第 2 次印刷
开　　本：145mm×210mm　1/32
字　　数：160 千字
印　　张：7.5
定　　价：49.00 元

用生命影响生命（代序）

泰戈尔

把自己活成一道光，
因为你不知道，
谁会借着你的光，
走出了黑暗。

请保持心中的善良，
因为你不知道，
谁会借着你的善良，
走出了绝望。

请保持你心中的信仰，
因为你不知道，
谁会借着你的信仰，
走出了迷茫。

请相信自己的力量，
因为你不知道，
谁会因为相信你，

开始相信了自己。

愿我们每个人
都能活成一束光,
绽放着所有的美好!

默默耕耘

我十分高兴能够为史铁尔主编的新书《为何逐光：社工的苦乐与忧喜》作序。深感荣幸，不单单因为我们之间已经有20多年的深厚师生情谊，最重要的是我希望能向他长年累月培育一线年轻社工作出的持久努力而致敬！这本书是史铁尔及其团队多年来的社会工作实践成果，是他们对培育年轻接棒人的美好见证。

当看到这本书所记录的一个个鲜活的社工生命故事的时候，我仿佛看到他们背后的老师们，为陪伴他们的成长而付出的心力及所寄予的期盼！在这本书中，我们看到老师们一直在背后默默地鼓励和支持着社工，激励着每一位年轻社工去讲他们的生命故事和奋斗历程。我对这种精神表示由衷的赞赏！相信这是我们每一位社工老师都应坚持的教育模式及态度！

虽然史铁尔只希望我谈这本书里12位年轻的一线社工，但我觉得还必须谈一谈他们的年长向导——铁哥史铁尔。他和他的团队花了整整18年时间，培育出这样一群有理想、有使命、有生命力的年轻社工，为我国社会工作专业注入了新的希望和力量。这本书是一个"以生命影响生命"的典型例子，是老师们在生命中最宝贵的阶段用心培养年轻人去追梦及接棒的感人故事。

还记得第一次认识铁哥，是20世纪90年代初在北京大学举办的一个小区工作研讨会上。那时内地社会工作刚起步，令我印象深刻的是铁哥的真诚与直率。他对社会工作满怀热诚和期望，他提出很多既坦诚而又有建设性的意见，而且具有独到的分析和批判能力，我觉得未来他可能会成为内地社会工作人才。2000年，当香港理工大学与北京大学联合举办第一届社会工作硕士课程时，我很高兴见到铁哥的申请，同时也被他参与课程的诚恳态度和对社会工作知识的追求所感动。我了解他的目标不止是为了个人的成就，而是为了要寻找一条能够帮助老百姓改善生活和实现自强的道路。在整个学习过程中，他全情投入，认真学习，尤其是在云南平寨的农村社会工作实习过程中，通过和老师、同学及村民的共同合作，不断思考农村社会工作的出路及实际建议。他和他的同学们在毕业之后各自在当地开展了农村社会工作的探索，铁哥探索的地方在湘西农村。至今他们仍然坚持着他们的理想及使命。

铁哥从香港理工大学与北京大学硕士班毕业后，就一直在长沙民政职业技术学院工作，曾任社工系主任及社工学院院长。他在社工课程方面大力推行了以实践为本的课程，加大实习，并安排学生到香港、湘西、理县等地实习，培养出了很多优秀的社工。这种以实践为本的教学模式培养出来的学生受到了社工行业的欢迎，因为这些学生既有社会工作的专业知识和理念，也具有强烈的使命感与实践能力。2008年汶川特大地震后，在四川抗震救灾期间，铁哥和长沙民政职业技术学院社工系团队到了青藏高原边缘的阿坝藏族羌族自治州（以下简称阿坝州）理县，在那里前前后后做了三年多工作，建立了阿坝州第一个本土社工组织——理县湘川情社会工作服务中心（以下简称湘川情）。后来，由他们培养的当地的少数民族社工学生毕业后接手做了机构的法人，一直做到现在，已经15年。至今长沙民政职业技术学院社工学院的团队仍然坚持做湘川情的支持和督导工作，为它提供专业的支持及辅导。他们为理县培养了17名少数民族社工和社区专业的学生。

这本书生动地记载了铁哥及其团队在过去18年栽培出的12位年轻社工的生命故事。书里没有惊天动地的壮举，却有着最真实的人间烟火；没有神童、天才的精彩故事，却有着真实、曲折的成长经历；没有华丽的辞藻，却有着直击灵魂的力量。他们的故事却鲜为人知，他们在工作与生活中所经历的辛酸苦辣、默默承受的压力与隐忍、不为人道的困境与挑战，都被岁月的尘埃所掩盖。他们是一群发声少、呈现少、书写少的奉献者。我们通常容易聚焦在宏大的叙事里，对基层的践行者关注不够，但恰恰是他们筑起了社会工作的基础，促进了社会的发展与改变，为社会的公平、公正、可持续发展注入了源源不断的活力。我们应该要重视这一群默默耕耘的人，为他们鼓与呼，给予他们支持，为他们发声。所以我特别喜欢这本书，因为它是为一线社工发声、为一线社工呈现、为一线社工书写。

目前专业社会工作服务在内地开展已30余载，社工们始终坚守在一线，以无私的奉献和专业的精神，为各种困境人群提供了大量社会服务，赢得了政府和民众的持续好评，使社会工作的美誉度和信誉度得到较大的提升。我认为，现在是该呈现他们和书写他们的时候了。

2024 年 8 月 28 日

故事的力量

香港理工大学　古学斌

　　拿到这本书稿，我不禁想起了我国香港曾经出版的社工故事《微光处处》。《微光处处》出版过两个版本。这本《为何逐光：社工的苦乐与忧喜》则完全是我国内地一线社工讲述心路历程的书籍。两本书的故事虽然不同，但又带着许许多多共同的信念。两本书不仅记录了不同地区的社会工作者们的苦辣辛酸，也记录了他们奉献社会、关爱困弱群体、不畏艰难的伟大勇气，要让他们的声音被听见，身影被看见。看到这本书稿时，我的内心是兴奋的，这是一群耕耘在一线的学者和社工的书写实践。

　　受欧美实证主义导向研究的影响，我国社会工作阵地出现了定量研究才叫科学的倾向。他们认为，定量研究书写的论文才叫学术。我不否定定量研究的作用，但它不是唯一，而且，在人文科学的研究里，定量研究有很大的局限。这样的研究方法无法让我们贴近人的生活世界，无法理解人的情感和思想的复杂性。因为主流实证研究最大的缺点就是预设被访者统统可被简约化和类型化，其生活处境统统可被简化理解，故研究者往往会一厢情愿地问一些已预设为重要的问题，得意扬扬地以为自己洞识了被访者的意见而且能为他们代言。然而，在这种研究中，有血有肉的生命往往被简约化成冰冷的数字。问卷上的一大堆问题很多时候限制了被访者做真实自己的机会，使他们无法言说生命遭遇的细节和复杂的过程，被访者被动就问卷的问题作答，而未能言己所欲言，即使言了，也可能因被视为不符合问卷要求而不被采纳。讲故事不一样，它让叙事者有足够的思想空间去回忆和追溯生命历程，个人在家庭、婚姻、生育、工作等情景里如何协调与取舍、挣扎与抗争，最后构成每一个独特的人生路程和职业生涯。

故事是有历史和脉络特定性的。《为何逐光：社工的苦乐与忧喜》是湖南、四川、广东等地社工的故事，我们会看到与香港不一样的风景。由于整体上内地社会工作起步较晚，很长一段时间缺乏专业的老师，整个行业也缺乏专业知识和经验技巧，大家都是"摸着石头过河"，都是从一些最基础的社会工作服务入手。但正是因为是处于发展阶段，才会有很多可能性。这一过程也是把其他地区的经验进行本土化的过程，内地社工的未来仍有许多空间可以探索和实践。故事中我们也能看到很多社工在缺少人力、物力、财力的情况下，遇到许许多多的困难，然而，这些困难最终都被一一克服。在阅读过程中，我常常在问一个问题，这么艰难的环境，是什么让这批社工如此坚守和坚持？故事中我们看到了社工的那种精神和情怀，他们尽心尽力助人，不言放弃；他们助人自助，授人以渔。面对服务对象，他们关照彼此，不是单纯地施舍怜悯，而是融入真实的生活、具体的生命之中，理解他们的喜怒哀乐，找到他们面临的问题的根源，协助他们化解困难。这是一种细水长流的助人方式，也是社会工作不同于简单的慈善事业的地方。这样的声音需要被听见，也会成为在艰难中前行的内地社工的一束微光，照亮彼此前行。

　　故事不只是说给别人听，也是给自己听的。讲故事除了发声，更重要的是一种自我探究和疗愈的过程。每个讲者在讲述自己故事的过程中，有机会重拾自己的过去、重新认识自己、肯定自己。用叙事治疗的说法，讲故事是一种再说（re-telling）和再经验（re-experience）的过程，讲故事帮助我们视角转移，让我们有机会重新认识自己，对自己的过去产生新的意义，建立新的身份认同，帮助我们不再用旧眼光看待自己。在讲故事的过程中，我们看见人的社会文化脉络，明白是什么形塑了今天的自己。当自己过去的经验有机会被"翻新"，并带出"多元"而非单一的新诠释与感受时，我们对自己和他人有了更多的理解与宽容，学会以爱与慈悲来看待生命，也让我们开始拥抱自己和别人的痛与软弱。因为拥抱，使我们变得柔软，这种拥抱具有疗伤的力量，让内心的伤痛得以消融。用社会工作的话来讲，这是社会工作者自我增能和培力的过程。

　　希望大家用超越单一学术的眼光看待这本书，愿阅读这些故事时，我们的生命也彼此照亮！

2024 年 9 月 6 日

虽远而致，美丽绚烂

中国社会科学院大学　陈　涛

这本书收录了来自四川、广东以及湖南各地多位内地一线社工的真实生命故事。乍一看，似是社工们的成长记、创业史或服务记录。但作为一名资深的社工教育者和实践者，见识过许多一线社工，静下来读这些年轻社工的生命故事也让我感动，心被牵动。多数时间我很揪心他们的苦难与伤痛，有时候我很想去抱抱他们，轻声安慰；有时候不禁唏嘘感叹；有时候望向远方踌躇良久不能自平。

读朱聪的生命故事时，对这个随心、倔强的女孩肃然起敬，尤其是她讲述身无分文、身份微弱救助流浪者，并与背景复杂、行为不定的流浪者同吃同住同行的那份英勇；多年来她辗转北京、长沙两地，即使收入微薄、朝不保夕也终未放弃为流浪群体服务的事业，这份坚忍与关怀十分难得。她努力探索"地衣之家"运营模式的那份倔强和热情，使我对这位潇洒的社工很是敬佩，她谈起多年与流浪者相处的经历，透着深刻的专业反思与丰厚的职业经验，个中滋味，耐人寻味。

看过冬慧的故事最为心疼。她一气呵成地讲述自身30余年的成长与社会服务历程，作为一个普通人，在毫无背景、毫无资源的情况下创办机构走到今天，她所经历的身体与心灵的磨砺与苦难，她在艰难环境的挤压下展现出来的坚忍，我相信所有认识与了解她的人定会为之所动、为之所思。

读到仙翠成长的故事，颇为欣喜。这个故事展示了一个留守儿童怎么成为一名优秀社工的全过程，也显示了社会工作的魅力。仙翠是一个湘西苗家山村的孩子，父母长期不在身边，胆小、内向，不爱与人交流，自从社工驻村后，村里开办了图书馆，开展各种活动尤其是夏令营。她积极参加了这些活动，性格因之有了许多变化。她变得开朗起来，愿意与人交流。她经常到图书馆看书，社工们也鼓励、帮助她。她的学习成绩开始提升，她最差的英语在初中毕业考试中接近满分。社会工作在她小小的心灵里埋下了种子，高中毕业，她报考了社会工作专业，毕业后又义无反顾地回到家乡做社工，并成为县社工总站的站长。由于工作出色，她获得了从国家到省、州不同级别的大大小小的荣誉。这个故事给我们一个启示，生命影响生命，力量是无穷的。

本书的 12 位社工每一个都经历了无数次的挫败和异常艰难的时光，放弃的念头在行走间常有流转，但她们生动的经历与多样人生，更像是一部令人振奋和鼓舞的女性奋斗史，我们看到，无论是面对事业中的挫折、打击，还是个人遭受家庭和社会的重重困难，她们依然保持坚忍和勇敢的精神，以无畏的勇气和顽强的意志在逆境中不断突破、奋勇前行。她们身上拥有一股不可磨灭的生命力，她们用自己平凡的生命温暖着困境者，鼓舞着他人，影响着社会。她们积极参与社会建设与发展，不断自我寻找、自我看见、自我实现，她们的这份觉醒，不仅改变了自己的人生轨迹，也推动了整个社会的进步。

这 12 位一线社工都经历了生命影响生命的过程，前辈的影响、老师的影响，同学的影响、同事的影响，这种身体力行的感染对每一名社工的成长都具有重要的意义，对她们坚持做社工、踏实扎根一线有着潜移默化的影响。

这些平凡而动人的书写展示了社工助人过程中的困难与美好；这些助人自助的行为凸显了社会建设与社会发展中社工职业的重要性。尤其是她们为困弱群体发声，追求社会公正、美好，以及为专业建设与发展所作的贡献与努力，都值得褒扬，值得铭记。本书也让我们看到，社工在现实生存环境下的职业选择与艰难坚守，中间的冲突与张力、内心的挣扎与无助，真实地反映着社工服务的艰难。但虽远而致，美丽绚烂。

2024 年 8 月 25 日

窥斑见豹

中山大学　张和清

　　铁哥让我对他们主编的《为何逐光：社工的苦乐与忧喜》一书写序，我看了稿件很是喜欢。这是一本生命影响生命的故事集，是一线社工真实的心路历程。目前国内这类书籍还不多。由于整天太忙碌，我只能匆匆写几笔，谈一点自己的看法和感受。

　　首先，在书中，可以清晰地看到，做社工并不是一条平坦的道路，而是要经历无数磨难与考验的，所谓历经九九八十一难，才会得真经。虽然里面的每一个故事都有不同的脉络，但在艰难的道路上社工们都能不忘初心，坚定向前。社工在社会工作服务中会扮演服务提供者、支持者、管理者等诸多重要角色，同时也常常面临着资源的短缺、情感的耗竭、外部环境及家庭生活的压力等多重挑战，但他们仍然选择坚守，以无私奉献和坚定的信念为困难群体提供支持与帮助。她们在实践中凭借专业能力和服务对象的口碑做到了社会工作专业的不可替代性，这不仅凝聚了社会性价值，更塑造了社会工作专业实务的精神。

　　其次，书中的每个故事都不仅是对过去的回顾，更是对当下社工状况的反映。社会工作者在推进服务的过程中，往往需要面对复杂的人际关系与社会环境，他们怎样在复杂的环境中做好服务，是一件不容易的事情。如何在服务对象诉求、自身专业知识以及行政话语体系之间找到最佳的平衡，是每一位社工都必须面对的重要课题。在这些故事中，我们看到了社工如何不断探究生命意义、专业价值、服务关系与角色转换，探寻出社会工作可能的道路。她们把自身的情感融入工作，又用专业的理论指导实践，用心去为有需要的困难群众和特殊群体提供社会工作专业服务。这里面既有情感灌注又有专业方法，更有不断的反思和总结。

最后，中国的社会工作面临着独特的历史与社会文化情境，其发展必须扎根于本土的实际情况之中。从《为何逐光：社工的苦乐与忧喜》一书中，我们可以看到，许多社工深知这一点，她们不仅是在对服务对象给予支持与关怀，更是在不断的探索与实践中寻找解决问题的方法，推动社会工作服务的深度发展。通过本土化的社会工作方法，社工向父老乡亲们回馈着自己的专业知识与能力，帮助他们改善生活条件，提升自身能力，实现自我价值。这种润物细无声的贡献，不仅是对个人、家庭、社区的帮助，更是在实务中探索中国特色的社会工作，鼓励更多的社会工作者不断探索更适合本土实践的方式和方法，使得社会工作在中国的土壤里能够落地生根。

《为何逐光：社工的苦乐与忧喜》是一本蕴含着深厚社会价值与精神内涵的故事集，它不仅呈现了一线社工的精彩故事，同时管中窥豹，通过这些故事，让我们见证了在错综复杂的社会环境中一线社工们坚定的信念和顽强的生命力，体悟到社会工作服务在社会发展中基石性的作用，感悟到当代中国社会工作发展的轨迹和脉络。该书对一线社工、社会工作研究者、社会工作教育者、社会工作的政策制定者和执行者都是一本有价值的读物。

2024 年 9 月 25 日

致一线社工

长沙民政职业技术学院　史铁尔

山间田野，
有你们的足迹，
陋巷敝屋，
有你们的身影。

从来，你们都悄无声息，
累了、乏了，
擦一擦汗，歇一歇脚，
又消失在人群里。

流浪者因你们有了归宿，
挣脱困境，重回生活，
精障人士因你们有了笑容，
重拾生命，融入社会，
留守儿童因你们得到蜕变，
走出封闭，快乐成长，
……

但你们却背负着多少辛酸苦辣，
经历了多少曲折、迷茫，
你们也曾经彷徨、踟蹰，
但仍未离开。

放不下，
那孤苦的老人，
放不下，
那留守的孩子，
放不下，
那失独的父母，
更放不下心中的信念。

于是你们仍然走在这条路上，
因为你们知道，
那是光，能够照亮心灵，
那是生命，能够丰溢流淌，
那是道路，能够通往远方。

向你们致敬！一线社工，
你们是最美的风景，
微光处处，繁星点点，
你们是最温暖的使者，
冬日暖阳，春风轻拂。

世界因你们而改变，
富有温情、友爱和互助，
我们记住了您的名字，
"一线社工"。
在生命的长河里，
将留下永恒的印迹。

2024 年 9 月 5 日

致一线社工

| 目　录 |

心若盛开，蝴蝶自来

罗　晴①

　　姐妹俩一静一动，忧郁的眼神透着渴望。我问："你们会写信吗？阿姨给你们留个地址和联系电话，如果有什么想对阿姨说的，欢迎你们随时找我。"果然，不想说的，不一定不愿意写啊！突然想到自己小时候喜欢交笔友的事，我便毫无保留地与她们分享当时的想法和做法，她们也像是遇到了知心人，开始对我笑，还三步并作两步地跑去拿作业本，认真地记下我的联系方式。

　　……

　　每每回忆起与他们相处的瞬间，我都会觉得很美好。甚至还想过，如果有经济能力，如果有地或者有房，我要把这些孩子们好好带在身边，除了抚养长大，更要培养她们做一个于自己、于家人、于社会有用的人。

　　深夜未寝，独坐窗台，远眺，宁乡市政府大楼还亮着灯。我欲提笔探求心中的宁静，笔下流淌的竟都是成长的故事，彷

　　① 罗晴，女，中共党员，长沙市宁乡市惠宁社会组织服务与发展中心主任，宁乡市青联副秘书长，中国社会工作联合会培养的实务督导。湖南省优秀社工。

徨而悠长，在这个无人的深夜，细细品味。

有人说，我生来就是做社工的料，善良不只是写在脸上，还刻在了骨子里。我出生前一个星期，我的家乡一直都是下雨天，偏偏我妈生我的时候，天空出奇的晴朗，因此父母给我起名"晴"，寓意雨过天晴，人生如意。

还有人说，一个人之所以能够变得更好，或是停滞不前甚至退步，都与过去的经历有关。我记得小时候和邻居家的姐姐在河边玩耍，她为了抓鱼，一不小心掉水里去了，差点被淹死在河里，是我拼命呼救，自己的脚丫子被瓷片划破了，也全然不顾。最终，卖力的结果总算是好的，附近田野里收稻谷的叔叔伯伯哥哥们闻声赶来，成功地救下了她那条命。可回家后，我却要忍受父母由爱生恨和关心懊恼的吼声，路人不分青红皂白看好戏瞎胡闹的嚷嚷声……当时的我既委屈又难过还气愤，不过如今已不痛不痒了，只记得那时候我默默地下定决心，长大后，我要当老师，不仅能教书育人，更要能明辨是非！

缘起生活与爱

孩时，家里并不宽裕，甚至还有些拮据。父母都是农民，而我从小体弱，补骨脂的药 300 多元一盒，一盒才 5 支，天天注射，我足足注射了一年。对于一个普通家庭而言，压力不是一般大！当然，我从小就勤快、懂事，个头虽不高，却能帮助爸爸妈妈洗衣做饭当"蜂窝煤"搬运工，会乖乖地保护无理取闹任性调皮的弟弟。但在家其实也挨过打讨过骂，因为脾气倔，也因为不会说甜言蜜语的奉承话，还因为老一辈的重男轻女……暑假，我会背着泡沫箱到田间地头卖冰棍；开学后，便在课余时间穿梭于宿舍楼找"工作"。一日一馒头，月月奖学金，寒冬卖苦力，方能解决求学路上的交通费。本该是娇嫩的一双手，愣是为了省那三毛到一块钱不等的冬衣清洗费被自己整成了"烂苹果"，又红又肿，可疼了。我并没有因自己的遭遇感到自卑，而是下定决心要关心关注困弱群体，尽己所能，助人自助。幸运的是，迎难而上的我在班主任老师和村委会的关心帮助下，意外地得到了远大集团1000元助学金。我感激感动感恩的同时，在纸上认真地写下了几行字，"当看到远大人对社会的责任感，对贫困学子的关心关爱，坚定了我未来在公益路上春风化雨，浇灌祖国希望之花的信念"。没想到，这句话竟然成就了我的职业生涯，我的公益之心就此萌芽。

那时候，我无数次在心里默念，要将感动化于爱，不忘初心、为爱前行，等自己有能力了也要为社会作贡献。我也希望未来能够通过自己的力量反哺社会，把我的爱心无限放大。这便是我投身公益的初心。

毕业后，我当过老师，因声带小结，有个把星期完全失声，想要与人交流，都只能用笔写下来，特别无助。有位学生家长很热心，在她的建议下，我改行到房地产公司做了行政以及物业的工作。也许是受父母的言传身教，我压根就闲不下来。那些年，我下班后又办了个"棒棒堂"课后托管班，周末下乡做村民信息采集，沿途销售移动电话卡，等等，一天5份兼职，脚底起泡仍乐此不疲。

起初，完全不懂什么叫社工，听都没听过。可是，我却在家里家外干着我如今认为是社工该干的事。婚后，婆婆成了我的第一位服务对象。她是从娄底嫁到长沙的，生了一儿一女，家里有地有房有车有铺有存款，经济基础是不错的，且左右逢源，理应乐活自在。不承想，她竟然时常遭受家庭暴力，满身淤青便是最真实的佐证，在此无须多言。她的丈夫，我的公公是二级精神残疾，酒精中毒导致的，不喝酒，脑子清醒，和蔼可亲；一喝酒，凶神恶煞，家里鸡飞狗跳。

我是在嫁过去个把月之后，她主动告知并向我寻求帮助才介入的，那时候的我，不懂什么专业方法，也不知道有什么服务流程，我就做自己能做的。白天，我在一家养老服务中心做志愿者，不仅要到各个社区进行陌生拜访，还要向护理员姐姐们学习与老人的沟通技巧，偶尔也要参与上门服务。晚上，我便在店里寸步不离地跟着婆婆，陪着她、护着她、照顾着她。有些日子，很平静！但好景不长。围墙外，当公公一瓶酒咕咚咕咚下肚后，家里瞬间风暴再起。为了保护婆婆，长沙市第三福利院便成了公公的"旅居胜地"，几年里几次三番往返，他竟修身养性，终得康健。

很多年以后，我选择了老年人社会工作领域，隐隐约约地对社工这个职业充满了好奇和期待，但同时也充满了困惑和迷茫。依稀记得自己曾经为一位老人缝补完一床被子后全身长满红疹，打点滴一个星期都不见好，心乱如麻却始终坚守初心，深深感动了身边的护理员姐姐们。

那时的我，没有任何相关的行业经验，也没有任何可借鉴的服务模式，身边还没有可以为我赋能的前辈。我委屈过、失落过、犹豫过……

服务对象刘爹，肺癌晚期。有一天，他身体强烈不适，我与护理员姐姐推着轮椅陪同就医。经过几个小时的排队、挂号、全面检查，他若有所思地拍着我的肩膀问我："怕吗？"我弱弱地回答不怕，其实心虚得很！毕竟年轻不懂事。没几天，就听到他走了的消息，走之前还申请捐赠遗体，我心里五味杂陈，短时间内有点儿接受不了，生命中难免人来人往，可多不可少啊。

后来，家里拆迁、赌博、家暴纷纷而至，我面对无法摆脱的困境，彷徨无助，最终离异。吃一堑、长一智的刻骨铭心……是一只蝶，在茧中苦苦挣扎，忘记疼痛，只为一世芳华，略去泪眼婆娑的姿态，省去心疼难耐的胆怯。世间所有事，凡有果，必有因。我认为所有经历过的不幸都是在为我后来从事社会工作做铺垫，因为，所有的磨砺都将成为我工作中最好的教科书，我也坚信社工是一个"以生命影响生命"的职业。正如余秋雨在《苏东坡突围》里说的："成熟是一种明亮而不刺眼的光辉。一种圆润而不腻耳的音响，一种不再需要对别人察言观色的从容，一种终于停止向周围申诉求告的大气，一种不理会哄闹的微笑，一种洗刷了偏激的淡漠，一种无须声张的厚实，一种能够看得很远却又并不陡峭的高度。勃勃的豪情发过了酵，尖厉的山风收住了劲，湍急的细流汇成了湖。"选择社工便是选择大爱的事业。

泰戈尔曾说，你今天受的苦，吃的亏，担的责，扛的罪，忍的痛，到最后都会变成光，照亮你的路……

从事社会工作11年的光景，做过很多个案，解决过很多问题，有过很多的收获，也有过很多的惶恐。如走村入户被恶犬惊吓过，被精神病患袭击过，但在"以人为本，助人自助"

的理念下，不管是服务困弱家庭或个人的时候，还是组建团队、项目化、专业化、常态化地开展可持续、可推广的个案、小组、社区活动的时候，我也给自己赋能了。都说社工不需要样样都精，但你得什么都会一点，时代在进步，行业在发展，社工将无所不能！于是，我一个非科班出身的社工，凭借多年的一线服务经验和累积的丰富资源，从单打独斗到成立机构抱团取暖，不仅考取了社工证（社会工作者职业资格证书），还考取了中国社会工作联合会认定的实务督导证，被评为湖南省优秀社工、湖南省最美志愿者、宁乡好人等，既有了身份的认同，也得到了专业的认可。

想当初，我考虑到社会工作不宜单打独斗，毅然决然地要带娃创业，于是仅凭在养老领域参与一线服务所累积的经验和反思，大胆创办了宁乡市惠宁社会组织服务与发展中心（以下简称惠宁）。说来，绝非偶然，它是一种坚持，一份执着，一种力量。外人不曾经历，何以知其不易，畏其心忧，懂其所获！

很感谢带我入行的老师。画饼也是有饼可画，望梅终是有梅在心中。2016年底，我站在人生的十字路口，面临着婚姻的无可救药，带着刚满半岁且未断奶的女儿单手开车回到宁乡，那正是人生最低谷时期，也是惠宁刚刚起步的时候。机缘巧合之下，周老师引荐我到宁乡市玉潭街道新城社区居委会。时至今日，那天的情景依然记忆犹新。

寒冬腊月，天冷路滑，踏着一地黄泥走进社区办公大楼，除了能看出来在装修、吊顶，满目狼藉。原本没抱太大希望，没想到的是，与社区党总支书记交流片刻后，因他是长沙民政职业技术学院毕业的，对社会工作有深刻的认知，在他的信任下，我便幸运地获得了社区班子成员的接纳和帮助，办公场地、设施设备和水电问题迎刃而解，这对我当时的处境而言，真是雪中送炭。于是，我便顾不得怀里不到半岁的女儿有多吵，背后偌大的行李包装着的牛奶罐、水壶、尿不湿等有多重，欣喜若狂地在雨中狂奔，寻觅住所。虽是步梯四楼，带娃实在有诸多不便，但内心的勇毅足以支撑我留下，毕竟租金便宜嘛，省钱啊！

　　文字背后是厚重的人生。事隔三天，我在宁乡回长沙的路上接到党总支书记电话："明日迎检，今晚过来加个班。"为了回应党总支书记的加班要求，我直接在四方坪下了公交车又转乘的士赶回宁乡，还急急忙忙把孩子送回了巷子口。加班至半夜12点，妈妈气急败坏地给我打电话："哭了几个小时了，你自己听，嗓子都哑了，带不住呢！"没辙，又匆匆找车回去接孩子。再到宁乡，已是凌晨三四点了，下车那一刻，落寞和忧伤不是文字能描述出来的，刺骨的寒风吹在脸上，钻心地疼！车上突然传来陶晶莹的《女人心事》，感觉特别应景。

　　生活很难很冷酷，没有谁能替我担当，于是索性做那盛开在荆棘里的花，越是流泪越仰望。起初那一个月，因为没有母婴室，只能厚着脸皮在各种公开场所哺乳，异常尴尬，也十分辛苦。好在是熬过来了，也就觉得没什么太大关系了。毕竟，那些流泪的日子，那些痛苦和挣扎的日子，让我更加深刻地理解了生活的意义。我开始更加积极地面对生活，我知道只有通过不断地努力和奋斗，我才能真正地实现自己的价值。所以，我会一直仰望星空，让生命在每一刻绽放。

自此以后，我深深地感受到了社区的力量，也明白了惠宁的机构使命和责任。我以社区为家，组建了三人小团队，社区和惠宁机构就是我最坚强的后盾。我们这个曾有过靠刷信用卡发工资经历的团队，就像一颗颗小小的种子，扎根在社区的土壤中，用我们的热情和力量，为社区困难群体带来希望和改变。原来，在奋斗这条路上，我并不孤单。因为我有社区的支持，有团队的伙伴与我并肩作战，即使再难再苦，这种信念和执着，能让我坚持不懈，继续前行，勇敢地把社工这条路好好走下去。

缘深于"一老一小"

　　8 年前，宁乡市新城社区属于城乡接合部，经城市规划改造拆迁后，由原来菁华铺汪家冲村和城郊乡黄泥岭村合并成玉潭街道的一个社区，人员构成复杂，文化底蕴相对单薄，居民群众文化程度普遍偏低，残障人士、刑释人员、困难人员较多。在社区工作人员的支持下，我和我的小伙伴们迅速开展入户调研、单页宣传、上门服务，没有跟服务对象强调我们是做社会工作的，也不讲社会工作的价值观和专业手法，更不提我们是来帮扶困弱群体的，仅仅是聊聊家常，做个简单的信息登记，在手机上发个实时定位，确保之后能找得到。

　　和我同住一条小巷的任奶奶，算是交流比较多的，那两年我几乎每天上下班都会从她门前过，习惯性地看看她有没有坐在门口等人来人往，她好像也期待能看到我一样，每每见到，都会很开心地打招呼。不加班的晚上，我会在 6 点左右去她家陪她坐会儿，聊聊邻里间的一些小事、趣事，比如对门某奶奶爱孙如命，但脾气不好，还总说家里养了个不听话的"狗崽子"，天天气人；大伯哥好赌，输得家里揭不开锅了；前边有个租户是小两口，不晓得有没有领证，大马路上还搂搂抱抱不害臊……去的次数多了，却始终没见过任奶奶的家人，我也很是好奇，尤其是看到她双手始终不停地揉搓自己的小腿，弯着腰还很难够得着小腿的那种无助，我就忍不住地关心起来，小心地询问了几句，结果始料未及。2008 年的一场车祸，任奶奶的丈夫和女儿不幸离世，她自己腿脚因伤行动不便，如今只要变天就十分疼痛，导致十余年未出家门。任奶奶很想出去旅游，哪怕只在附近的市民公园转转也很好。看着她伤心流泪的样子，我没有手忙脚乱，而是及时进行安抚，并理智地在第一时间找社区支部书记做了汇报。得到许可后，我即刻组织小伙伴们召开紧急会议，自筹经费在客运公司租赁大巴车，为辖区内 22 名 60 岁及以上有需求的空巢老人购买了意外保险，成功地开启了"刘少奇故居"红色之旅，还聘请了一名专业的医务人员随行，为老人们保驾护航。我的想法很简单，只希望老人们能开开心心地去，开开心心地回。看到老人们久违的笑容、激动的泪花，我觉得我要是能像一束光一样照进任奶奶的生活，能带她走出阴霾，再辛苦也是值得的。

经费不足的情况下要做到事无巨细哪是那么容易的！我又思考着要怎么去链接免费的资源支持，不说别的，至少找个志愿者帮忙拍几张照片总是可以的吧！但是，为了记录那美好的一天，这个摄影的志愿者还得稍微专业一点才行。刚回宁乡，市场还没完全打开，熟悉的人并不多，就算有认识的，人家也未必会帮这个忙，纠结之余，我还是在努力想办法，我相信只有我想不到的，没有我做不到的。

皇天不负有心人，我永远记得特意从长沙赶过来支持我的高老师和许老师，他们可不是一般的志愿者，都是 60 岁以上的摄影爱好者，是长沙市新河街道社工委培育的社区社会组织负责人。也正是在那一天，我萌生了想要孵化培育宁乡社会组织的念头，目的就是激发更多组织、更多人积极参与社工服务，共同为社区的发展和进步贡献力量。当然，后来也就真的梦想成真了。两年内，有 20 家社会组织在我运营的孵化基地破壳而出，一飞冲天。今时今日，这些组织不仅能健康发展，绝大部分还已经发展成宁乡市 3A 级、4A 级的品牌公益组织了。

只有真诚付出和不懈努力，才能取得真正的成就和成功。

再说说戴家冲的陈奶奶吧。自从儿子去世，儿媳离家出走后就再没回来，年迈的陈奶奶孤身一人带着年幼的孙子生活，整日以泪洗面。我得知这个消息后，经常自己开车接送陈奶奶到社区参加形式多样、内容丰富的文化娱乐活动和兴趣小组，一有空就带领团队的小伙伴们去她家入户探访，也会链接各方资源为其解决生活上的困难，并为她提供详细的政策咨询，协助她申请相应的政府补助。这一切都让陈奶奶感受到了前所未有的关爱和温暖，她的精神状态逐渐好转，脸上开始有了笑容，生活也变得充实起来。陈奶奶逢人就说："那个社工比女儿还要好呢！"这句话深深地烙印在我的心里，也成了我继续前行的动力。

难能可贵的是这位老人家有一颗感恩的心，除了口头表达感谢，更是用行动证明自己对社区、对惠宁以及对我个人的尊重和肯定。在一次"乐淘新城"闲置物品趣味交换活动中，她哆哆嗦嗦地从裤兜里掏出几张被塑料袋子包裹得严严实实的零钱塞给我，非要从我手上买个手工制作的串珠娃娃送给我女儿。不想辜负老人家的一番好意，80元钱成本做成的串珠娃娃卖了20元钱，我女儿欢呼雀跃，陈奶奶也开心不已。我和女儿都被她的坚韧和善良感动，她不仅改变了自己的生活，也为社区注入了更多的爱心和关怀。

活动结束后的一个周末，我鼓励女儿用那20元钱买了些鸡蛋送给陈奶奶，她因此学会了礼尚往来，而"向阳而生"青少年成长服务项目也应运而生。

很多人不解，为何我做老年人服务，又要涉及青少年儿童服务领域，后来甚至还做助残服务、社区居民融合服务项目等。专注于一个领域不是更好吗？可能是吧。但是，我当时的想法是，一个人做这些事不够，一个机构做也不够，那我要做行业标杆，我要通过孵化培育更多的组织来共同推动这个行业的发展。既然如此，我得做个样板给人看、给人学，我的项目或是活动，必须可复制、可推广。于是，诸多探索，越挫越勇。

万事开头难，我绞尽脑汁想要争取政府购买服务，哪怕是从一场小小的活动开始，钱多钱少无所谓，能被认可就会有出头之日。我虽不美丽，但我很善良，善良的人处处遇贵人。新城社区的第一场迎新联欢会在社区"两委"（社区党组织和社区居民委员会的简称）的支持与指导下顺利举办，不仅链接到湖南原墅置业有限公司的大米资助，还吸引了宁乡市民政局相关领导的关注和重视，国际社工日的活动随之而来，居家养老服务中心、社会组织孵化与培育基地等项目接踵而至。我们的诚意与专业终是打开了政府购买服务的大门，同年底新城社区召开全体党员和居民代表大会，集体决策拿出部分惠民资金购买惠宁的青少年成长服务项目。

谁又能想到，我一场活动的预算最多改过 6 次，一个居家养老服务站的阵地前前后后洽谈了将近一个月，为了装修四处参访学习，最后还因为资金不够差点放弃……万般无奈之时，惠宁竟得贵人相助，装修有人接，活动资金有人垫，设备有人添。3 个月后，宁乡市首个建设标准最高、服务最全的 4A 级居家养老服务站点在塘湾社区四楼正式启动试运营，如今已成为辖区内 60 岁及以上老年人茶余饭后的好去处，棋牌娱乐、电子阅览、书法练习、手工制作、八段锦、健身操以及各种主题活动应有尽有，老人们每天在站点待的时间比在家里还要多。当然，运营过程中，掌声很多，质疑声也很多，中间还有过一些令我无法理解的小插曲。比如，春节前，几个人高马大的老人家把我堵在办公室不让我出门，原因竟然是质疑居家养老服务站一年能拿一两百万元的项目经费，过年应该给大家分点。可事实是，一年的运营经费也就 10 万元，还要养一个全职的工作人员，并且需要开展各种活动和服务，入不敷出。我一边苦恼着要如何"造血"，如何保证可持续运营，一边还得稳定服务对象情绪，并作出合理解释。几年下来，我明白了，时间验证了人心，见证了人性，没有解不开的难题，只有解不开的心绪；没有过不去的经历，只有走不出的自己。大事难事看担当，是喜是怒看涵养，是成是败看坚持。正因为我坚持了，所以我并未失败，我最终得到了大家的理解与支持，我们之间建立了非常友好的关系。

2017年6月，宁乡地区多日持续大雨引来山洪暴发，7月1日倾盆大雨更是席卷了大半个宁乡，整个县城顷刻间变成了一座洪水肆虐的城市。大量房屋公路被淹、交通堵塞、通信中断、停水停电。在此艰难时刻，我顾不上什么危险，沉着冷静发挥社工特长，链接多方救灾资源与设备，更是孤身深入受灾地区，和当地领导一起核实灾情、慰问受灾群众。其间，一岁零一个月大的女儿生病发烧，高烧至42摄氏度，那次我连夜赶到长沙办完住院手续已是凌晨，嘱托家人照料孩子，自己随即又赶往灾区参与第二天的志愿服务，为宁乡受灾地区与社会企业之间搭建爱心捐赠桥梁，向湖南原墅置业有限公司、长沙市青年志愿者联合会、长沙县志愿者协会、长沙黄龙小学、衡阳宁乡商会等爱心单位筹集救灾物资及现金共达74813元，悉数送到了受灾群众的手中。之后的灾后清扫与重建我们惠宁也是频繁参与，不曾间断。

2018年12月，我参与宁乡市民政局在省内较先启动的乡镇（街道）社工站公开招投标项目且顺利中标，从此有了更好的机会关注农村。

在宁乡市一个乡镇的小村庄里，有这样一群儿童，他们或家庭变故，或留守在家……静静的父亲在她2岁时就病逝了，全靠母亲外出务工养活一家人。跟着外婆长大的她依然积极乐观，成绩优异是她的标签，她有一个画家梦。9岁的寻寻是个爱运动的男孩，母亲患有癫痫，父亲体弱，但这并没有影响他的成长，活泼开朗的他对乐高积木有着浓厚的兴趣。父亲去世后，母亲也离家出走，跟着爷爷奶奶长大的良良，在书籍里找到了属于自己的世界。由于家庭变故，跟着奶奶长大的双胞胎姐妹花欢欢和乐乐成了彼此的精神支柱，她们有一个舞蹈梦……

每一个孩子都值得被保护，每一个心愿都值得去实现。跳绳、画板、芭比娃娃，多么普通的需求，对他们而言，却只是白日做梦。这些孩子身份较为特殊，多数是事实无人抚养儿童，童年也因此显得暗淡。依然清晰地记得当日带着两名驻站社工和宁乡市网络文明志愿服务分队的志愿者入户探访欢欢和乐乐时，孩子们因镇上有公益课堂跳舞去了，所以不在家。抚养她们长大的外婆声泪俱下地诉说着家里发生的重大变故：母亲意外死亡，父亲入狱服刑，姑姑心疼两个孩子，对两个孩子格外地照顾有加，但因远嫁深圳，也难得陪孩子们几次。姑姑非常坚定地认为双胞胎姐妹患有极其严重的心理疾病，随着时间的推移，她们表面上已经没有事发时那样的悲伤，但性格变得内向、叛逆，老人家使尽全力照顾她们的生活起居，却不知如何在自己也无法正视的遭遇里抚平她们内心的伤疤，毕竟结了痂也留了痕，那是轻易忘不了的痛。我拿出纸巾，一边给外婆擦泪，一边默默地关注着墙上的朗诵奖状、墙角堆叠的日记本和破旧的芭比娃娃——原来，她们和其他孩子一样，有爱好，有特长，也有属于她们自己发泄情绪的方式方法。

为了能和孩子们见上一面，那一等便是两个小时。对于平常工作处于"5＋2"和"白＋黑"的我来说，耐心体现得淋漓尽致。出人意料的是，孩子们回来以后，并没有在第一时间搭理我，而是低头跑进房间，关上了房门。可见，她们在陌生人面前是有多么的恐惧和自卑。外婆唉声叹气地走过去，满是心疼地说："今天有西瓜吃，快出来吧！"房门打开的那一霎，我的脚板有些不听使唤地想要跑过去抱住她们。姐妹俩一静一动，忧郁的眼神也透着点渴望，我便微笑着看她们，好让她们对我少些防备。我问："你们会写信吗？阿姨给你们留个地址和联系电话，如果有什么想对阿姨说的，欢迎你们随时找我。"果然，不想说的，不一定不愿意写啊！突然想到自己小时候喜欢交笔友的事，我便毫无保留地与她们分享当时的想法和做法，她们也像是遇到了知心人，开始对我笑，还三步并作两步地跑去拿作业本，认真地记录我的联系方式。因此，我们后来有了很多次的交流。

　　同行的志愿者也是个全能型的人才，干过记者，搞过教育，还会摄影，尤其是资源多。在他的提议下，我们共同策划了"1＋1＝爱"陪伴计划，共同设计研发了"青苗向荣"农村留守儿童服务项目。大卫美术的负责人带领团队为孩子们开启了"美力计划"、聚说语言艺术培训学校的老师不定期为孩子们进行语言训练、返乡大学生开展了英语互动课、专业的心理咨询师为孩子们开展心理疏导、情绪支持，蓬莱龙山店小学利用暑期开展了信天使陪伴计划，两地的孩子们以书信的方式相互介绍自己的学习和生活，不仅如此，他们还通过视频连线许诺要做对方的免费导游。在众多爱心人士的关心和帮助下，他们不仅走出了村子，还在宁乡大剧院的舞台上精彩亮相，更有宁乡市民馆首席讲解员为他们讲述宁乡的历史。以上做法，都是为了把单纯的儿童关爱转向深度的教育陪伴，为了让他们的成长之路变得更加丰富多彩。

后来，孩子们慢慢地变得活泼开朗了，自信了，会笑了，也能开心地叫姐姐、叫阿姨了。每每回忆起与他们相处的瞬间，我都会觉得很美好，甚至还想过，如果有经济能力，如果有地或者有房，我要把这些孩子们好好带在身边，除了抚养长大，更要培养他们做一个于自己、于家人、于社会有用的人。

2020年，是我人生中最忙碌、最充实、最辛苦的一年，也是我成长最快的一年。宁乡市和永兴县的社工站项目搞得焦头烂额，我却在每周一日10小时往返的自驾车程中希望风雨过后能见彩虹。新冠疫情期间，汽车后备箱里装着的不只是口罩、消毒水，还有电饭煲、自嗨锅、床单和被套……可是，我的努力并没有征服异地的资方，只是战胜了自己。既然拿得起，自然也放得下，有舍才有得嘛！有人支持，也有人疑惑，一年都坚持下来了，为何又潇洒地说放弃？我并不是一个不负责任的人。权衡利弊之后，我在合同到期前打了申请报告，顺利地完成了项目的收尾工作，结项评估结论为优秀，虽不舍那一批优秀的社工，但从自身来讲，我也只是个女人，体能和精力是真的有限。在小伙伴们的眼里心中，我每天不是在办公室加班，就是在高速公路上狂奔，最忙的时候，常常忘记饭点、忘记喝水、忘记上洗手间，走路是用跑步的，偶尔有机会能按时吃饭也是不用嚼直接吞咽的，朋友圈是用来求治头痛、胃痛良方的，直到身体扛不住，在床上一躺就是十多天，颈椎、腰椎、肩周也都是在那一年的长途驾驶中落下的病根。

曾想过转行。当我看到身边人的努力，其他行业的困境，我觉得应该坚持，这是成长的修炼。我爸常说，不要做温室里的花朵，要站在巨人的肩膀上看世界。正是有了家人的支持和谆谆教诲，我才能豪情万丈，不断畅想着、思索着，在自己热爱的领域持续深耕，来回奔跑在各个城市，去福建参加全国基金会发展论坛，去宁夏参加全国社会工作助力乡村振兴的大会，去北京听"五社联动　家园助力站"项目的经验分享，去深圳参加全国社会工作督导年会，等等。总之是不断学习，不断提升，不断打磨自己的技能，期盼着在摸爬滚打中闯出自己的一条路。

缘续于行业发展

2021 年，我荣幸当选为宁乡市第二届政协委员，撰写了《关于如何推动社会组织参与基层社会治理的提案》，为宁乡市的社会服务发展建言献策。

为积极响应民政部门本土社会工作人才队伍建设，推进社会工作从业者专业化转型，提升社区服务专业度，在宁乡市民政局的指导下，我想过很多大招。通过与高校合作，在新城社区设立"社工见习基地"，带小伙伴们去特区社工机构实地观摩学习，以开设"益路花开"大讲堂等方式，鼓励惠宁社工考取社工证，工作群内开展考前"每日一练""每周一问"，结合月会安排"每月一模考"，还为自主参加社工线上培训并通过考试的，报销报考费和培训费，很好地激发了他们的专业学习热情。同时也支持基层社工站一线社工积极参与省内举办的各种能力提升班；组织开展全市社会工作职业资格水平考试培训 8 次。截至目前，惠宁已培养持证社工 30 名，其中有 5 名中级社工师，25 名助理社工师。

我很庆幸用自己对社会工作事业的真情和坚守，打动了身边的同事。当初和我一起创办惠宁机构的两位小伙伴一直不离不弃，始终与我并肩而行。看到惠宁社工越来越专业，宁乡社会工作行业越来越规范，我坚信我没有选错社工这条路。

弹指一挥间，花谢花开，生命也如此这般在上一秒蜕变，又在下一秒轮回。然而须臾之间，有成熟的气息在细枝末节中蔓延开来，淌过我的手指，于是我在不经意中摘下一朵"菩提"。

做社工的每一天，我都会觉得过去经历的家庭暴力和婚姻挫折，都不算什么。因为，和那些困弱的服务对象比，我们的人生除了生离死别，每一天都算活在蜜罐里。做社工，真的挺好，因为，做社工让我成就了更好的自己，并且，在开展社工服务的过程中，我和服务对象是一起成长的。多年的社工服务生涯，繁重的工作没有让我焦躁，反而让我整个人变得平和了。作为一名社工，我做得最多的就是鼓励服务对象增强自主学习的动力和信心，积极面对人生的不幸，最快乐的是看到每一名服务对象重获新生后的笑脸，我用自己的实际行动，诠释着社工精神的内涵与价值。我愿用我的社工故事证明，敢于追逐自己的梦想，就会获得主导生活的信心和力量。

回望过去，轻舟已过万重山；放眼未来，前路漫漫亦灿烂。往后余生，我要认真总结过去的经验教训，主动对接社会资源，积极推进宁乡社工服务项目向品牌化、专业化、常态化发展。

我始终坚信，每一朵花都有属于自己的花期，每一个人也都有自己的人生轨迹。我们无须慌张赶路，只需心怀希望，脚踏实地地过好每一天。前方自然会遇见意想不到的惊喜和源源不断的收获。内心充实,步伐坚定,我们更能体会到生活的美好与快乐。

荆棘花盛开,蝴蝶自然来!

我的"流浪记"

朱 聪[①]

这是第一个让我陷入职业倦怠的个案，我满腔赤诚，想要扭转乾坤，却发现自己多么无力！甚至在为他募捐时，连我的同事也没有捐赠，那一刻我确实怀疑过自己的选择。

由于用力过猛，我很快进入了职业倦怠期。刚好在这个时候，我的服务对象老刘走了，而他的离开影响了我的职业生涯。

我的童年经历：拯救情结

我选择做社会工作，跟我的原生家庭有直接关系。

我父母在我 7 岁时分开了。父母分开后，母亲把我寄养在姨妈家，一寄就是 8 年。我姨妈对我不错，但在这 8 年的时光里，我变得敏感——我清楚地知道是客人，学会了察言观色，去揣测大人是不是不高兴，为什么不高兴。

直到现在，我非常不愿意去别人家做客，原因就跟这段经历有关。如果将来我有孩子，我会把他带在身边，陪伴他度过

---

① 朱聪，女，长沙市地衣社会工作服务中心创始人，湖南省优秀社工，致力于流浪救助议题已经 10 年。

完整的童年。

那些年的许多个周五，我需要向姨妈申请回家看望弟弟和爸爸，但是因为父母的关系很僵，我每次都要小心翼翼。

获得许可后，姨妈把车费给我，于是我在星期五的傍晚欢欣雀跃地回到家。每一次回家我可以在家睡两个晚上。眨眼间，周日就到了。离家前我会把家里打扫干净，想用自己的力量为家里再多做一点点事！然后，弟弟会把我送到镇上，看着我上车，看着车子徐徐开动……有一次我回头，看到弟弟站在路旁抹眼泪，我再也忍不住，眼泪夺眶而出！弟弟背对着我抹眼泪的画面，成了我对家的注解，许多年后只要我想到家，脑海中就会浮现这个画面。

就在这8年的无数次离别中，我有了明显的分离恐惧。我常常期待重逢，而刚刚重逢我又立刻开始恐惧分离的那一刻。

当年的那个小孩，是缺爱的！她在童年体验最多的是孤独和等待，她渴望有人出现在她的世界里关注她、陪伴她，但是这个人没有出现……这导致后来我对其他人的苦难异常敏感，我可以很快地识别出人群中那些失落的、痛苦的、带着伤口的个体，看到他们就仿佛看到了自己。我渴望站出来，陪他们走一段，告诉他们：你被看见了！

后来我做社会工作，其中一个原因就是想要补偿当年那个小小的我。

我的情感经历：我们一起做公益

因为害怕离别，我不允许自己谈恋爱，直到大学毕业后，在一次沙漠徒步中我认识了我的男朋友，有了一段 7 年的感情。

他很优秀，是一位毕业于清华大学的硕士研究生，相同的爱好和价值观，使得我们非常合拍。我们的生活非常简单，没有应酬、社交，没有柴米油盐，只有读书、看电影和旅行。7年里，我们骑着摩托车跑了国内外大大小小的城市。

在一个秋季的夜晚，由于提前封山，我们被困在天山上的独库公路上。白雪皑皑的达坂上，除了雪地上小动物的脚印，只有一轮明月照着我们。那一刻我有了一种精神体验——在这无人之地，整个明月，整座山头，都是我们的！那一刻我充分地感受到了我自己。在那种绝境下，我们反而生出一种豪气，我们俩没有抱怨，而是开始动手一块一块挪石头，直到开出一条路来。

这些经历刻进了我们的血液，使我们有了战友般的感情，也使我获得了一种精神上的富足，仿佛除了珠峰上的日出，天下已经没有必看的风景。

毕业后我到了北京，我开始主动去寻找"身处困境"的人，我去做志愿者，去无偿献血。有一天，我凭借对公益的印象，在电脑搜索框里打出了"社会工作"四个字，我没想到，真有这个行业！我顺利地应聘上社工岗位。当时负责面试的人问我：你希望去服务老年群体，还是去服务流浪群体？我回答说，都行，对我都一样。

于是，我被安排到了街头外展的项目，成为一名流浪救助社工！这就是我在成立地衣之家前从事的一线社会工作经历。

因为我是非科班出身，在做社会工作的头一年，开展实务完全依靠自己的"拯救情结"。现在回头看，对照课本上学的知识，当年我用的许多工作手法都是有风险的，甚至是错误的，但好在服务对象都信任我，这可能就是社会工作为什么要本土化的原因吧，要用本土化的方法和经验开展服务。

一个比较典型的经历是，一名来自大西北的80多岁的老人，他去北京一边流浪一边上访，但是因为不识字，他去错了部门。我在街头发现他后，把他带到他要去交材料的地方。因为是中午的时间，我先带他去附近吃东西，我们点了两份馄饨，他从包里掏出一个馒头，掰碎后放到馄饨汤里，他吃得慢，又带了很多被子等行李占了地方，店家就催他走。

我当时心里已经很难受，店家再一催，我就崩溃了！我拍着桌子质问店家有什么理由要催他走?! 刚吵两句，我感到有人在扯我的衣角，我回头，看到老人已经收拾好所有行李正在拉我走。饭没吃完，我们就走出了馄饨店。走在路上，我号啕大哭，我边哭边说：你为什么这么大年纪还要出来受这个罪?! 他跟在我后面，安慰我不要哭，然后用方言说了一句：我回去，我回去！

这个老人本可以坐在村口晒太阳，本可以守在家里吃馍，但他说他儿子希望他来上访，虽然他连地方也找不到，他还是一次次地来了。风餐露宿的老年生活，这是令我难过的地方！不到一年，老人就在老家去世了。

个案带给我的沉思和唏嘘，是那个时候的我无力承受的。很多个傍晚，我坐在摩托车后座上回家，男朋友问我怎么了？当我向他释放我的情绪，内心柔软的他，听得胸口奔腾，然后陪我加入一场场唏嘘。

做社工第一年，我做了很多个案，个案量超过了其他同事。这些个案是怎么来的呢？既来自街头外展，来自转介，也来自其他相关信息。总之，只要是我遇到的个案，不论个案的潜力和条件，接下来，因为我告诉自己——是的，我无法改变世界，但可以改变我遇到的这些人。

2015 年，我在北京站街头做外展，看到一个患白血病的男子，他带着 3 个小孩乞讨（职业流浪者基本不乞讨），那个画面格外令人震撼，这个个案让我第一次产生了专业怀疑。

接案后不久，我接到这名服务对象母亲的电话，她说有人要赶他们走，不准他们乞讨，于是我立即赶过去，中途我打电话把这个情况告诉我男朋友，他说他下班了就立即赶过来。

事情的结果是，我和男朋友被关了几个小时，受了一些轻伤，直到我单位有人来把我们接出来。

我出来后，马上去广场找我的服务对象和他母亲，他母亲非常内疚，一遍遍地和我说对不起，我安慰她，我一点也不怪她，反而更想要保护他们。

当天晚上，我和男朋友走在北京站附近的护城河边，他对我说了一句话：你的单纯令人心碎！

他没有责备我连累他，也没有恶狠狠地抨击当天的遭遇，只是淡淡地对我说了这样一句话。

当年他和我一起参与的救助故事，成了我们共同的记忆。

我的从业经历：改变我职业生涯的个案

我和男朋友一起去验了伤，然后我着手维权的事。

意外的是，当月发工资时我多收到 1000 元钱，这是机构为了表示对我的补偿多发的钱，我没有感动反而异常愤怒，我觉得自己没有得到尊重。

男朋友跟我说，如果我选择维权就不得不离职。离职就离职！难道我连保护自己的权利都要被剥夺吗？

我的督导把我叫到他面前，我坚定地告诉他我维权的决心！他默默地听着，然后语重心长地对我说，你知道吗？公益机构是在夹缝中求生存。他没有再说下去，而我陷入了沉思……是啊，我们的工作必须依靠不同部门之间的协作，而且我们的经费也是这些部门给的，想到这里，我软化了下来。

最终我没有收这笔钱，也放弃了维权的主张。当时的这个个案服务对象，我在 2016 年带他回了长沙，一直跟踪服务到他 2018 年离世。

这是第一个让我陷入职业倦怠的个案，我满腔赤诚，想要扭转乾坤，却发现自己多么无力！甚至在为他募捐时，连我的同事也没有捐赠，那一刻我确实怀疑过我的选择。

由于用力过猛，我很快进入了职业倦怠期。刚好在这个时候，我的服务对象老刘走了，而他的离开影响了我的职业生涯。

那是入暑后的三伏天，老刘发病倒在了公交站台。警察从他口袋里找到我的名片把电话打过来。

警察问我能不能赶过去？我问清楚位置后打算和志愿者一道赶过去，我甚至想好了见面后要和老刘说的话，就在即将挂电话时，我突然问了一句：老刘怎么样了？警察回复说：他已经不行了。

这是我第一次经历服务对象的离世，我手足无措，除了伤心，内心更多的是恐惧。因为这种恐惧，我最终退缩了，没有去送他最后一程。

他离世前几天就已经中风，但是因为不求人的性格，他不允许他的老伙计通知我。等到我和男朋友去露宿点为他送燃气灶的时候，他已经躺了好几天！在等救护车时，他用力地拉住我的手，我知道，他害怕了。到了医院后，他拖着中风的身体去上厕所，他不允许我们扶他，等他从厕所出来，裤子湿了一大片。

至于最后，他为什么出现在医院旁边的公交站，具体细节已经不可考，但是一定和他执拗不求人的个性有关。

在医院的一面成为我和他的最后一面！他一直说想要吃点热乎的东西，想要有个燃气灶，那天我给他带过去了，但是他没有看到。

在他的事情上，我有很多遗憾。但为时已晚，他在世时，我曾经想过在北京为他租一个小房子让他好过一点，但由于我也是一个北漂，我没有能力长期给他租房。如果他还活着，我会去尽力做自己之前没有做的事，希望能为他做一些补偿。

巨大的悲伤，促使我在一个星期后找到他倒下的那个公交站台，然后搭上去火车站的公交车，替他走完了那一段回家的路。在公交车上我不断揣测着他当时等公交时的心情，我感受到了深深的遗憾。

在整理他的遗物时，我发现了本子上写着的一个身份证号码，最终通过这个号码查询到了他的真实身份。没想到，20世纪80年代的他打着领带，西装革履，还蛮帅的。他以前给我说他曾经发达过，做生意失败才落得这般地步，我还以为他是吹牛的。

我迫不及待地联系到他东北的家人，想帮助他落叶归根，但他的侄儿了解了他这些年的经历后，只冷冷地说了一句话：不用了，这些年我已经失去了太多亲人。

老刘的家人并不知道他在外面流浪的经历，我想帮他没帮到，反而让他失去了最后一丝尊严，这件事又让我多添了一个遗憾。

我们像爷孙俩，他常常从露宿点把我送到地铁站。途中我们会穿过一片大的公园，我搭着他的肩膀，听他说以前的故事，也不问真假，只享受他讲故事时的那种岁月感，那种爷爷的味道。

老刘走后，我和志愿者把和老刘一起流浪的老薛安顿到了北京平谷的一家养老院，算是完成了他的一个遗愿。两年后，我在平谷的养老院与老薛重逢过一次！

我的职业转折点：回到长沙建立地衣之家

在男朋友的资助下，我成立了地衣之家。

我了解长沙有许多流浪人员没有人帮助，很想回家乡去开展这份事业。于是有一天，我对他说，长沙还没有专项救助流浪人群的社会组织，现在刚好有一个孵化基地正在招募孵化组织，机会比较好，我想回长沙待一年成立一个机构然后再回北京，你怎么看？他说了一句：好！

那是 2016 年，我回到长沙，只是我没有想到，从那以后我再也没有离开长沙，分隔两地 3 年后，我们结束了这段感情。

离别时，他说："这些年共同的经历已经刻进了我们的血液，使我们有了战友般的感情，但现在是时候退伍了。"

这 3 年里，虽然分隔两地，几乎一整年不见面，但他常常问我：还有钱发工资吗？也是因为有了他资助的 10 万元，地衣之家得以从无到有。

虽然我们现在成了最熟悉的陌生人，很多情感掺杂在一起，使我很难轻巧地说出"谢谢"两个字。但如果我足够坦诚，我必须感恩他的付出，在品性上，他是一个纯粹的人！

回到长沙孵化一年后，我们注册成立了地衣之家，专门做流浪救助服务。我的角色开始转型，除了是一名一线社工，还身兼机构负责人。

曾经学习做关系：想入却未入

角色增加了，我的课题也增加了，客观上需要我对外和各方建立关系，但是当时的我没有"关系"这个概念，我以为靠诚实的劳动就能赢得尊重。

头一两年问题还没显现出来，但之后，"关系"就成为机构发展致命的问题。

可以说从那以后，机构的对外合作就变得跌跌撞撞。举一个极端的例子，有一个合作方我们合作了 4 年（合作属于试点项目，无充足经费），这 4 年间为了值班我没有回家过过春节，包括新冠疫情期间，没人敢上街的时候，我仍然带着一个服务对象上街为辖区的流浪者做消杀。我以为我非常勇敢、非常诚恳。但是站里陆续有两个大哥提醒我，鼓励我主动去对接，不要把时间都放在一线工作上，他们说，如果合作方把你们作为真正的合作方，早就给你们经费了。

这个 4 年合作，在我心里可以称为"事件"，它对我最大的伤害在于，我个人信仰的动摇。

这些年，我吃了一些苦，而这些苦如果我转一下弯其实可以避免。吃的苦头多了，我也一度产生过自我怀疑，那些会转弯的人过得海阔天空，而地衣之家的路却越走越窄。终于有半年的时间，我决定学习转弯，去主动建立关系。我相信没有人想吃苦，没有人不想左右逢源，我也一样。但是我试过了，我做不到，我不是不想，也不是学不会，我是做不到。

至此，难道真的无路可走了吗？我意识到，机构发展的需要和我自身的需求出现了严重的冲突，我不得不做一个取舍。

地衣之家专项做流浪救助，我以为这个领域不会有竞争，而实际情况是，只要有立项，就有竞争，因为其他原本不做流浪救助的机构也来参与竞争。我清晰地记得当年注册时，主管部门是鼓励做专做精的，"不要撒胡椒面"这个比喻我印象深刻，但是如今行业里，成为一个综合型的机构，什么项目都能接，成了一个机构有安全感的根基。

目前，绝大部分社会组织是靠行政经费在维持运营，我们为什么而争？你想要参与一场场争斗吗？想到这里，我有了答案。

2022 年夏季，地衣之家走上了转型之路，不再主动参与任何政府采购和项目委托，将重点放在公众筹款和社会企业之路上。

在没有任何资源储备的情况下，硬生生放弃以前的业务结构，从零开始学习，因为青黄不接，2022年夏天地衣之家迎来了成立以来的第二次关闭！

机构搬家的时候，我对自己说：你要记住这一次搬家的意义，汲取经验教训，否则历史还会重演。

一年后，地衣之家重新开放，我拍了一张门头照片，发了一个朋友圈：一切不过重新再来！一些关注地衣之家的朋友发来祝福，他们说恭喜你们继续上路！

2023年是我作为一名捐赠人参与互联网公益的第9年，我亲历了整个互联网筹款环境的变化，但是在此之前我并没有重视筹款对一家机构的重要意义，等到无路可走了，才意识到最好的甲方其实就是那些素不相识，却愿意相信你，愿意把真金白银拿出来交给你去做公益的人。

有了这种认识和决心后，剩下的就是如何去做的问题，我想"万变不离其宗"，只要真诚、踏实地做，捐赠人会感受到的。于是，每一条进展反馈，我都用写信的方式与捐赠人同步。有一天，我们的项目居然收到一笔5000元的个人捐款，这真是一份沉甸甸的信任，一个巨大的鼓励！

7个月的时间里总计筹款7万元，虽然总筹款额并不高，但是公募方告诉我们，在没有推广的情况下这个成绩已经算很高了。这让我们获得了初步的信心！不久，由于公募方案改革，无法再继续认领外省项目，我们的项目不得不下线。下线前，我们在进展反馈里跟捐赠人作了一个告别，并附上一首小诗。

一个月后我们重新上线，惊喜的一幕出现了，一个熟悉的捐赠人的名字出现在了当天的捐赠名单里，这位捐赠人居然跟了过来！我更加意识到，捐赠人不是一个意象上的概念，他们是一个个有血有肉的灵魂，他们愿意相信陌生人，愿意向需要帮助的人伸出援手，我们要做的是去找到他们，让他们看到我们。

　　这几年抖音火了起来，2023 年我们也加入了抖音旗下的公益平台。作为短视频筹款平台，对项目视频的质量和数量有一定要求，这是一个全新的领域，刚接触的我们不知如何着手，这个时候旧有的习惯模式就出现了，那就是既然不知道怎么做不如就暂时放一放，这一放就是一年，这导致公募方对我们的项目进行劝退。为了争取一个机会，我和公募负责人对话请她再给我们半年时间，她当时说了这样一句话：这么久都没起色估计没什么希望了！我有些生气，对她说了一句：不要言之过早！

　　接下来，我们找了一个短视频运营团队，一个月做下来筹款仍然没有起色，虽然我内心知道应该用长期主义的视角来期待变化的发生，但是每个月 3000 元的运营费用让我们吃不消，因此我们不得不和运营公司终止合作。

　　终止合作后，我问自己：难道你不能自己做短视频吗？就这样，我和服务对象们开始了自己拍摄自己剪辑的道路。一个月后，所发布的一条关于女性流浪者的视频突然大火，这条视频还被一些大的自媒体转发，女性流浪者的困境得到了许多人的关注。

　　这个经历给我的启发是，我们是可以为所关注的群体发声的，以前我们拿不到话语权，但是在自媒体时代，我们可以。

3 个月后，我们从一个即将被劝退的项目跑进了全国 50 强。

虽然眼下地衣之家仍然没有摆脱困境，而且将来仍有很多挑战在等着我们，但是回首过往，我居然想要感谢过去吃过的那些苦。

现在，我感受到一种前所未有的、清澈的自由感，我没有失去自我，没有被迫去说我不想说的话，去做我不想做的事，保持着一个公益人应有的独立。

如果不经历这场内心的挣扎，我不会对我自己、对机构有这样清晰的定位，那就是我要成为一个什么样的社工？地衣之家要成为一家什么样的机构？我花了七八年时间终于看清了。

家人的担心：劝我服务其他群体

我做流浪救助工作 8 年了，从我筹备做机构开始，我母亲就劝我转行，她认为我哪怕去服务另一个群体也行！因为流浪群体很特殊，大众对这个群体是有争议的，我母亲生怕我常年跟比自己弱的人打交道，失去了成长的空间！别人都说要向上社交，而我常年跟流浪者共处，这是她担心我的地方。

有时候，我回到家，她闻到我身上有一种流浪的气味，就会很无奈地摇摇头。随着从业的年头越来越长，她也难免耳濡目染和我一起跟流浪者打交道。有一次，我陪她去株洲买衣服，我把几个服务对象也带上了，那一次他们相处很融洽。这样的经历越来越多后，她不再反对我服务这个群体，也不再反对我睡办公室，唯一的要求是不要带服务对象回家，希望我尽量把工作和生活分开。

从我母亲的态度，我能够窥探到大众对流浪群体的普遍评价，他们身上其实是被贴了标签的。

个案研究：发现流浪者的"戒断期"

当年，我从北京回到长沙孵化一年后建立地衣之家，顺利承接了项目，准备大干一场。接着，忙忙碌碌的工作一直持续了两年，有一天我脑海中跑出来一个声音：这种生活什么时候是个头？

我一而再、再而三地等待，等待有一天能做自己真正想做的事，但是两年以来我一直在围着项目转，每年做指标、做任务，每天协助发物资，但是街头的流浪者并没有因此减少。

这个时候的我，跟两年前相比，职业热情已经衰减了很多，我没有以前的干劲了。如果要保护自己的热情，我就必须去做自己真正感兴趣的事。

于是，2019年我开始做自留地项目，在长沙街头成立了一个流浪者庇护所，然后邀请8名服务对象住进去，以同吃同住的方式进行就业转化。

流浪者的犯罪率很高，因为人在流离失所的时候，很容易走错路。当时我住在庇护所的二楼，服务对象住三楼，8名服务对象5个人有过案底。第一晚住在庇护所我是害怕的，第一晚的勇气来自我想要探索的决心，而接下来那些日子的勇气来自经验。其实流浪者是一群相对守规矩、不那么胆大妄为的

我的「流浪记」

人，因为他们已经被法律"筛选"过一遍，一个不择手段的人是不会流浪的。我在庇护所住了整整一年，在那里和服务对象过了一个除夕。

那一年，我非常快乐！我终于做了我想做的事！

庇护所的房子被社区收回的时候，已经有 4 名服务对象脱离了流浪生活（至今 5 年过去了他们未再重复流浪），而另外 4 名服务对象随着我们的搬迁重新流浪街头。

流浪者到底能不能工作？这一年的经历给了我答案！我想分享一下这一年中我们是如何鼓励流浪者就业的。

那一年五月的时候，长沙雨季来临，我们开发了一个流浪者卖雨伞的项目。当时只有两个服务对象报名参与这个项目，其他流浪者多半持观望态度。但是当这两名服务对象卖完伞拿着现金回来时，见证整个过程的流浪者马上加入了进来。这个事情的意义在于，我们发现以前我们总试图先改变流浪者的就业观念，这其实不对！一个成年人要改变固有观念非常难，而且周期非常长，他们不喜欢听人说教，他们只想看到结果，那就是他们的劳动真的可以兑现吗？他们干活有没有许多束缚？会不会给他们提很多要求？所以当他们看到另外两个流浪者不用自己出本钱就可以去卖伞，而且最后拿着真金白银回来时，这个时候他们才产生了加入的意愿。

至于就业观念有没有改变，其实已经不重要了，而实际上只要赚到钱，就业观念就一定会发生变化。

所以，我们不要去奢望改变流浪者的就业观念，要做的是去降低他们的就业门槛，当这个门槛足够低的时候，他们就会进来。

当时我们只有一个流浪者擦皮鞋的项目，后来又有了卖雨伞的项目，每增加一个就业项目，参与进来的流浪者随之增加，所以我终于知道我们要做的是去开发更多的就业项目，而不是一心想去改变流浪者的就业观念。

当门槛降到足够低，就业选择足够多的时候，如果一个流浪者还不愿意进来，这时候我们必须接受另一个事实，就是有一些流浪者已经回不去了。但在当年，我无法接受这个事实。我认为如果我不放弃，那这个服务对象说不定会回心转意。

其中有一个服务对象叫老杨，他也是我们邀请入住庇护所的8名成员之一。因为房子被收回大家被迫分开一年后，我们有了经费再次开放庇护所，我又把他找回来，他来了又走，然后继续把他找回来，前后总计3次，最终他还是回到了流浪生活。

也是从这里，我领悟到，其实我们只能改变一小部分人。我应该尊重每个人自己选择的命运，不应该把自己的拯救情结附加在服务对象身上。

跟老杨截然相反的是一个叫老尹的服务对象，也是入住庇护所的8名成员之一，他们既是同乡也同龄，流浪的时间也相同，但是最后老尹不但结束了流浪，而且还成了地衣之家的核心志愿者。

当年我把老尹送回家，他在一年半的时间里也曾跑出来3次，明明房子已经解决了，也有低保，为什么还是在家里待不住呢？我想到这些年经历的个案，个案被送回家后大部分出现了二次流浪的现象。人都是趋利避害的，他们往外头跑，一定是因为外头有吸引自己的东西。

我由此模模糊糊有了"流浪会上瘾"的概念。我就问他，为什么在家里待不住？他说在家太孤独，孤独到掉眼泪。为什么孤独呢？因为哥哥嫂嫂、邻居不和他说话，他以前有过案底，加上在外流浪的经历，亲戚邻居不敢靠近他。

可是外头就不一样，流浪圈子里的人从来不问他的过去，他们彼此接纳，在家里得不到的东西，在外面可以获得。

许多人以为流浪者反复流浪是因为他们生性爱玩不受约束，其实他们是在流浪以后才变成这个样子的，流浪者身上松散的特质是在流浪后被放大的。

老尹流浪了 31 年，假设他已经对流浪上瘾，现在把他送回家，相当于突然之间把他成瘾的生活方式拿掉。他会在失去原本依赖的东西后，出现严重的不适应。

这种不适应带来的痛苦，跟一个人戒烟戒酒的痛苦是一样的。这个过程异常艰难但是也有期限，需要想办法支持他熬过来。

为了让老尹熬过这个"戒断期"，我到他家去了 4 次。一方面陪伴他，另一方面我希望改变他亲戚和邻居的态度。

怎么改变呢？我们去看他的这个行为本身就会对亲戚邻居产生影响，这是一种示范！另外，我们会带一些小礼物"打点打点"。

归纳来说，既然要拿走他依赖成瘾的生活方式，就必须给他一个可以替代的新生活，这种新生活一定要比以前好！否则他还会再流浪。

不在他身边的日子，我依然关注他的任何"风吹草动"，及时回应他，陪伴他度过了那个关键时期。如今 5 年过去了，他没有再流浪。

有一次我送给他一张折叠床，原意是让他留在长沙用，没想到他仔细地打包好，把折叠床从长沙带回了岳阳老家……他懂得往家里背东西了，说明他已经有了家的概念。我很惊喜，现在哪怕是怂恿他流浪，他也不可能再流浪了。

流浪救助政策已经出台 20 年，在这些年的流浪救助实务中，为什么会有那么多反复救助的现象？原因在于把流浪者送回家，仅仅只是把流浪者的身体送回去了，相当于实现了"物理戒断"，而这仅是一个开始，返乡后"心理脱瘾"才是决定成败的核心步骤。

专业反思：相比救助，流浪者更需要戒瘾

地衣之家的愿景是，这个世界可以有自由流浪的生活方式，但没有无家可归的流浪者。我们做个案，唯一的筛选标准就是看他有没有过新生活的意愿，如果没有意愿，我们不应该去打扰他；如果他有意愿，哪怕他缺乏改变的条件，潜力差一些也没有关系，我们可以一起努力去争取新生活。

但是这个意愿是一个很抽象的东西，老杨每次也说他真的想改变，只是他不知道自己到底要过什么样的生活。这一点，可能连他自己也没有意识到。

为了判断一个流浪者是否真有意愿，除了凭经验观察判断，我一般会问他一个问题：流浪的时候你痛苦吗？

可能没有接触过流浪者的朋友会奇怪，我怎么会问这种问题，很多人以为流浪生活一定是痛苦的。但是恰恰相反，流浪容易让人上瘾，流浪者在脱离原来的生活环境沦为一个流浪者

后，他身心上是非常愉悦的，流浪就跟烟、酒一样，于他能够麻痹痛苦。

所以如果一个流浪者告诉我，他在流浪的时候非常开心，一点也不痛苦，那我们应该恭喜他，因为他之前遇到了他人生中解决不了的问题，所以从以前的生活中逃离出来，但他没有去跳楼，也没有犯罪，而是过上了一种在他看来开心的生活。只要他不影响其他人，只要不违法，这也是一种生活方式。

而对于那些犹犹豫豫的流浪者，他不清楚自己到底想不想改变，这种情况我们不能武断地说他没有意愿，要先给他改变的机会，并为他创造改变的条件，因为有一些流浪者的意愿是慢慢"生长"出来的。

老杨的案例在流浪群体中非常典型，在常人眼中，流浪者是一个需要帮扶的群体，但是你看流浪者实际的状态，他们对流浪生活呈现出的是享受的姿态，因为流浪的生活方式让他们回避了现实生活中的压力，他们活得简单。

对于一个刚流浪的人，一旦当他掌握了流浪的生活规律，结交了流浪者朋友，尝到了流浪的快感，和其他成瘾行为一样，他就会对流浪成瘾。虽然这种成瘾在初期存在一些偶然性，然而一旦进入流浪环境的周期足够长，带有流浪基因的流浪者对流浪的成瘾就成为一种必然。

所以说，流浪时间越久的流浪者，回到正常生活的难度就越大。

当我们用戒瘾的视角来面对流浪问题时，思路一下就变了，因为既然流浪是瘾症，就必然存在戒断的可能，因此我们一边做实务，一边探索流浪者的"戒断"方法，希望对流浪的行为模式进行正确干预。

做公益不要甘于自我满足：要努力被听见、被看见

有人问地衣之家的模式是什么。问这种问题的，一般是发展得比较大的机构。坦率地讲，社工机构在目前求生存的阶段很难有模式。地衣之家的模式也还没有完全落地，只能说属于探索阶段。

当年我参加孵化的时候，曾参访过深圳的"残友之家"，它是我们未来希望成为的样子，我认为走社会企业这条路，是社会组织要经历的一种形态。

目前地衣之家正在把流浪者培育成流浪所在地的社区导游，正在筹备流浪者故事的出版，正在设计流浪者的文创产品，以供流浪者参与销售。我认为只有走社会企业的路才能真正地发展地衣之家，才能更自主地探索解决群体化问题的路径，而不是仅仅停留在个案，因为个案是做不完的。

我们的力量太单薄，单纯靠一个机构真的很难做出起色，这就得让其他力量参与进来，所以说公众倡导是我们目前和将来努力尝试的一个重点，以前觉得做公益就是要默默地做，但对现在的我而言，如果多年从事的工作不能解决社会问题，它的有效性就要打一个问号！

为了让公众参与进来，我们把庇护所打造成了一个具有体验功能的"流浪博物馆"。由于条件限制，它还非常简陋，但是它的存在已经承载了一种意义。

走完全程

我在北京认识了一个公益伙伴，她也是湖南人。她说她在大学时期就做志愿者，因此毕业后理所当然地进入了公益行业。但是她做了一段时间后，觉得原来公益也就这样啊，不符合她的预期，于是转行去了一家公司。但是一段时间后，她又重新回到了公益行业，我问她为什么？她说目前公益行业确实不符合我的预期，但是在我眼里，相对商业公司，公益这个行业还是很可爱的。

她这段话很打动我，她的描述非常真实。

一年前，她再次转行，去了新媒体行业。她说公益在她心目中是有位置的，她不需要用公益来确立自己的价值……她能放弃一个她从事了10来年的工作，在我心里，她真是勇敢！

她问我是不是也在享受公益的光环？她的话把我问住了，我到底有没有享受公益的光环，我已经分不清了。

但是这个已经不重要了，重要的是我现在还想往前走！再过一年，就是我入行10年整，我相信那时我们会相对轻松一点，我相信我们会探索出一条更宽阔的道路——"在那条道路上，两旁开满鲜花，而每一朵鲜花上都立着一只蝴蝶。"

我做一件事没有那么容易放弃，我会走完全程。

在不断追寻中找到真正的自己

黎丹丹[①]

两年让我有一个契机暂时跳出社工行业重新审视自己，也让我在养儿育女、柴米油盐的生活中一次次自我认证："我到底要过什么样的生活？我要做一名家庭主妇，还是做一个可以追求自己工作和生活的妇女？"我渐渐明白，当你真的能够接纳自己的过去，以自己的过去为荣，而不是以自己的过去为耻的时候，你的自尊水平才会得到大幅度的提高。这时候，你才会有更强的心理能量和动力去发生改变。

父母关系不和谐下的自我解救

我的父亲是在一个不被关爱且贫穷的环境中长大的，他很早就辍学在家，主动承担家庭责任和义务。后来经人介绍，因帅气的外貌成功俘获了我母亲的心。我的母亲则是出生在一个重男轻女的农村家庭，她以老三的身份绝对叛逆地长大，一直非常渴望父母的关爱。对她来说，爱家人使她跟随父亲来到了

41

---

① 黎丹丹，女，中共党员，四川省阿坝州社会工作协会会长，理县湘川情社会工作服务中心理事会成员，四川省社会组织先进个人，理县优秀共产党员。

四川阿坝州民族地区理县的大山村里，然后结婚生子，成为一名传统的中国女性。

父母生下的第一个孩子是我。然而从记事起，我经常听到父母吵架。他们是那种为了家庭琐事经常吵闹却总也吵不散的夫妻。母亲脾气暴躁，性子急，而父亲又常常在母亲的暴躁里能出其不意地寻找出一点点自由，创造自我放松的机会。母亲渐渐把家庭中的困境全部归结到默默忍受且爱自由的父亲身上，使父亲总是背负着沉重的压力。父亲因此心里积压着怨气，无处释放，非常痛苦。

我从小跟家庭关系疏离，总是找不到父爱和母爱，很想离家出走。有一次父亲打牌不肯回家，母亲带着我和弟弟去叫父亲回家。因为父亲久久不肯下牌桌，我一赌气，就一个人走黑漆漆的路回家。那段路有几千米远，一个女孩子走还是有风险的，为此母亲跟父亲大吵一架。也是这次，我第一次看见母亲被父亲打倒在地，我也被父亲狠狠扇了一耳光。那是我有记忆以来父亲第一次打我。我很委屈、悲痛，怨恨自己出生在这样的家庭。我和弟弟也心疼母亲，劝她跟父亲离婚，认为这样的日子没法过，可是母亲从来都不会说"离婚"两个字，隐忍着把我和弟弟抚养大。在这样的家庭生活环境中，我没有快乐的童年，也没有幸福单纯的少年，我比一般家庭的孩子懂事早，独立处事也很早，我也更多看到了中国家庭中父性的懦弱和自私，母性的坚忍、博爱及无奈。我内心深处多么渴望有一位温和、坚强、宽容的父亲或母亲让我撒娇流泪、倾诉心事呀，可我没有，但我不想因此而生活在恐惧中，期待能在外界寻找到关爱。这也注定我的性格是渴望家但又很想逃离家，永远在寻找幸福家庭的路上。我以为，从事社会工作是因为我需要自救，需要从服务对象身上获得改变的力量。

灾难帮我作出了一生的选择

2009 年，受汶川特大地震影响，理县余震不断。湖南对口支援理县灾后重建，我们幸运地被送到湖南的几所中学学习一年，也因此与湖南结下了深厚情谊。非常感激湖南那边关心我们的老师，当我离开湖南的时候，有很多同学说：考大学就考湖南的大学，再来第二故乡。一年学习期满，我们回到新建的理县中学，又名"七一中学"，奋力拼搏高考的最后一个学年。因为学校不停地更换老师，我和很多同学都无法适应，进而在临近高考的那段时间里消沉。知道自己让父母失望后，我也彻底地对自己失望了。我的学习成绩要考上一所好的大学已经不可能，我也很早就想为家里分担责任，所以我决定告别学校，换个地方继续"深造"自己。

2010 年，是我的幸运年。这一年，我得知长沙民政职业技术学院在理县单招。机会可遇不可求，我抓住机会，报考了长沙民政职业技术学院。廖鸿兵老师介绍单招政策时，专门介绍了社会工作这个专业。我和一个同学问廖老师，社会工作是做什么的。廖老师没有用专业术语解释，而是说了一句"是帮助人的专业"。这句"帮助人"让我找到自己一直以来所追求的公益之光。我努力抓住机遇，如愿考上长沙民政职业技术学院，真的再来到第二故乡湖南，学习社会工作知识，踏上梦寐已久的公益之路。

逃离无知路上的贵人相助

2010年，考上大学是我当时逃离家庭、逃离不和谐的生活环境的唯一途径。在校期间，社会工作学院院长铁哥（史铁尔教授）对我们理县学子很是关注和关爱，这让我从不自信、寡言和怯懦中走出来，变得自信，敢于表达。铁哥是我公益路上的第一位引路人，直到现在，是他不间断地陪伴和督导，让我坚定地成为川藏高原上的一名社会工作者，并生根发芽，茁壮成长。

大三社会实践阶段，我回到理县湘川情，跟着机构的熊大（王志丽学姐）开展中央财政支持的童缘残疾儿童灾后融入项目，其间，我跟着熊大到处参会学习，接触了不少优秀的社工，向她们学习并快速成长，还获得了最真挚的姐妹情谊。直到现在，这些人依旧是给予我信念和支撑的重要陪伴者和教育者。2014年，我成了湘川情的法人。我一边做着省民政厅的"三区计划"项目，带队伍做服务，一边转变岗位角色，虽然中间也与团队发生了一些分歧。这个过程中，我有10余次试图放弃，但在松哥（王松老师）督导下，我最终还是承担起了机构负责人的责任。2015年，我参加了由南都基金会、正荣基金会支持的灾后网络支持小组，得到行业前辈张和清、高思发老师和朋辈群体的支持，我因此更加坚定了自己的社工之路。不幸的是，因个人和环境的制约，机构发展停滞不前，只得裁员，最终只留下了我和王海莉两人相依为命。我俩相互陪伴，彼此鼓励，既是战友又是姐妹，坚守湘川情以人为本的理念，不忘初心和使命，期待成功地把湘川情的火种延续到下一棒，进入下一个发展阶段。

值得庆幸的是，坚持让湘川情获得了很多荣誉：理县先进基层党组织、理县关心下一代先进集体、阿坝州优秀社工组织、四川省先进社会组织。

远行游学时思考家乡社工如何发展

2011 年大一时，我有幸去香港特区学习。在香港学习的 13 天里，我感受着这个城市的快节奏，体验着他们的生活方式，同时也不忘此行的学习任务。我们参访交流了几个地方，例如青衣外展工作队、太平长者中心、庇护工场，详细了解他们的经营服务模式及流程细节。记忆最深刻的还是分组体验学习。我们跟着学长学姐去了一家青少年儿童服务中心，知道有些服务项目可以是低偿服务，成为机构"造血"生存的一个品牌项目。同时，我还跟着带队的香港老师去了服务对象家里，在那里感受别样文化。最后，我们还去了香港城市大学，跟这个行业的前辈交流，亲身体验了甘炳光老师带领的小组课，获得了甘老师的签名赠书，他的赠书因此成为我这 10 余年社工路上的重要指引。香港之行让我感受香港社会工作与内地社会工作的不一样，我要学习借鉴香港做得好的地方，希望大学毕业后能把这些好的经验带回家乡，去服务需要帮助的困弱群体。

每年寒暑假，我都会回到我的家乡理县湘川情实习，因此我接触了很多领域的服务。例如，2010 年寒假，在湘川情的

在不断追寻中找到真正的自己

45

策划下，我们理县本地社工学子在理县福利院举办了"辞旧迎新·我们一起过新年"文艺晚会，老人们特别喜欢。2011年暑假，湘川情开展暑期夏令营活动，我负责 6～12 岁孩子的趣味英语活动。因为缺乏经验和不自信，每一次开展活动，我都特别紧张。一位学姐因此多次批评我。当我发现其他实习的同学没有被批评时，内心极度想逃避这位学姐的引导，却不敢大胆地说出来与她交流。就这样持续了一个月，有一天，我突然发现自己成长了不少，能勇敢地站在舞台上引导孩子们学习，也能很好地与机构同事及督导老师沟通交流。社工在我心里一下子更加神圣了。2012 年暑假，我在理县克增村同机构负责人开展农村生计养兔项目和青少年夏令营活动。当时服务分成 3 个组，我是农村组的组长，负责协调带领实习生开展服务。这个时候，我和大家相处得很好，彼此之间关系特别和谐，人也特别有干劲，同时学习到了很多专业实践知识。

假期在湘川情的实习，巩固了我对社会工作专业价值和方法的认同，增强了我探索本土社会工作的决心。

暂停又起航自己的未来

2017 年我因为怀孕养孩子离开社会工作行业两年。两年让我有一个契机暂时跳出社会工作行业重新审视自己，也让我在养儿育女、柴米油盐的生活中一次次地自我认证："我到底要过什么样的生活？我要做一名家庭主妇，还是做一个可以追求自己工作和生活的妇女？"我渐渐明白，当你真的能够接纳自己的过去，以自己的过去为荣，而不是以自己的过去为耻的时候，你的自尊水平才会得到大幅度的提高。这时候，你才会有更强的心理能量和动力去发生改变。作为母亲也好，女人也好，还得有份工作，不然作为全职妈妈，不仅很容易失去自身生命的价值，还会在传统家庭环境下被标签为只知道带小孩、不做家务、只会花钱的懒女人，为婚姻和生活埋下危机。

2019 年安顿好家里的一切，我又回到湘川情工作，与一直从事社工的伙伴们一起前行。说是继续航行，其实就是重新创业。我知道很难，但我愿意不断去突破。在延续之前项目的同时，我们义务探索着本土社会工作之路。这些年来，湘川情都是年轻人在运作，经验不足，需要不断突破跟政府的沟通和对接，不断争取各方的支持，才能坚持下来。所幸的是那两年回归家庭经受的各种考验，逼着我勇于反省和觉察，敢于慢慢成长向上。

幸运的是，遇上理县与浙江永康市结对帮扶，永康市一家公益机构与我们对接，帮助我们发展，使我们有了新的力量。就这样，2019 年下半年，湘川情开始又活跃起来了，我与团队伙伴开始自我定位：我们自己的发展是要做什么，机构的发展要做什么。那时候我只知道有人在，机构就会存在，我开始找出口，接纳一切在我身上发生的事情，尊重本心，快乐地去奋斗。2019 年当我获得全省社会组织先进个人时，我更加懂得做公益事业本身就是以奉献为精神的事业，必须要有过苦日子、远离喧嚣的思想准备，同时必须区分暂时困难和长期困难，要拥有强大的抗压能力，"苦寒尽头是春天"，一个人如果没有走出寒冬的精神，那后面的春天就没有资格享受了。

2020 年是战斗的一年。内在和外在困难的交织，让我不断用知识武装自己、锤炼自己，坚持做个自己喜欢的人。新冠疫情的到来，让我重新认识生命。我参与疫情防控志愿服务工作半个多月，强烈地感受到面对如此大的危机，全国上下团结一致、奋力抗战的精神，感受到团队作战的氛围，体会到为社会贡献一点力量于生命的意义，所以面对工作和未来，我还是选择继续前行。

新冠疫情防控期间，不能正常工作时，我有意磨炼自己的品质，坚持做两件事：每天坚持学习，坚持跑步。通过学习，我找了很多老师为机构出谋划策，在郭老师的帮助下，我们明确了机构的使命和愿景。在机构使命和愿景的指导下，我们策划的第一场研学——"农耕文化体验活动"获得了县委宣传部文明办的认可，我并因此在宣传部工作一个月。10月，我们有疫情后的第一个小项目——过去的整整9个月，我们没有项目，义务干着工作，偶尔联动部门拉点活动费，使机构得以存活。个中艰辛，只有我们自己才知道。

感恩的是，这一年，机构新加入一个伙伴；得到阿坝州民政局领导的认可和支持，我接手州社工协会，担任协会法人及会长一职。当然，运作一个机构、一个社团，需要具备战略意识，拥有谋划布局、综合组织和运筹帷幄的能力。就像做自己喜欢的人一样，首先要学会如何做人，不断充实自己，不断实践，因为实践会告诉你答案，也会教会你如何做得更好。

2021年我尝试向若尔盖县谋发展，值得庆祝的是，我帮助若尔盖成立了一家本土社工机构，也因此帮助我们团队的一位伙伴获得新的事业发展机会。虽然过程曲折，但帮助别人，分享资源，回看那段经历，我与自己，我与那边机构和人的关系都和解了，这段经历也让我的生命有了宽度和温度。而我在这一过程中的付出也被看见——2021 年，我获得全县优秀共产党员称号。

选择不同方式的热爱向前

2022 年，机构不得不作出很多调整，因此我决定去阿坝州孵化园深造学习。上半年在阿坝州民政局的支持带领下，与阿坝州友邦机构负责人共同推动了全州的社会工作发展促进大会的召开，学习到把关和统筹协调一场主题活动的技巧。不巧的是，4 月，我又怀孕了。我继续在州府谋职发展的规划被打乱，待到马尔康地震发生后，协助完成部分应急救灾工作，我立马返回理县继续挑起担子，带着团队继续不断地争取项目使机构持续运营，也不断地尝试做很多常态服务，探索建立品牌。就这样，直到 2023 年二胎宝宝出生的前一个月，我再次离开湘川情，重新审视自己，审视自己与家人、自己与职业的关系。

2024 年，由于老大要到都江堰去读小学，我必须去照顾，我决定暂时放下手头的工作，去照顾他们。所以我在机构的角色由机构负责人转为机构的支持、督导和陪伴者——我爱这个职业，放不下，但可以研究梳理和支持的角色来与行业发生连接，不间断地在阿坝州民族地区参与机构和行业的发展，为支持民族地区社会工作发展贡献一份力量。

我怎么成了现在的我

王海莉[1]

地震后，我们住在过渡安置板房里，也是在那时候，我看见很多来自全国各地的志愿者，还有解放军来支援我们灾区。一次无意间，我听说帮我们搭帐篷的好几个武警官兵才 17 岁时，生出许多感触。灾难发生时，我们都渴望与亲人团聚，但是这些年轻人却奔赴灾区……

受这些同龄人的影响，我心里滋生了许多的正能量。我开始进一步了解志愿者，心里暗暗地有一些想法：如果以后有机会让我去做志愿者，我一定去。在那个年龄段，在我的定义里，志愿者代表"善良"，代表"高大上"，很了不起。

我是谁

（一）我的原生家庭如何塑造了我

我是一个被家庭疼爱的女娃儿。

我出生在嘉绒藏区一个"大家庭"里，家里的主心骨是

50

---

① 王海莉，女，中共党员，理县湘川情社会工作服务中心总干事，四川省阿坝州优秀社工。

我那有钢铁般意志的爷爷。奶奶在我爸爸 12 岁时去世，那时我最小的叔叔才 1 岁多，爷爷带着 4 个儿子，在村里坚强地生活着。听我爸爸讲，当时家里条件特别艰苦，爷爷经常都是背着我最小的叔叔干农活，村里人都觉得我们一家人特别造孽（可怜），奶奶去世后家里没有女性，缝缝补补的都是爷爷和爸爸的事情（爸爸是老大）。终于在爸爸迎娶妈妈后，这个家里才有了女性的温柔与温暖，接着家里有了我两个哥哥。听我家里人讲，因为爸爸那辈是 4 兄弟，所以对下一辈的孩子，他们很稀罕"女娃儿"——两个哥哥的到来，让本来男性占绝对优势的家庭增添了两名男丁，妈妈怀我的时候，他们很希望是女娃儿，所以我的出生获得了一大家子的"喜爱"。虽然家里条件清苦，但是我是他们最疼爱的"小公主"。我的童年是在被疼爱与保护中度过的，父亲几兄弟由于从小没有母亲，他们的童年是缺失母爱的，他们把这个缺失的情感放在我们三兄妹身上弥补，把我们保护得特别好。受这个大家庭的熏陶，我把家人和亲情看得很重。

（二）重要他人如何塑造了我

我不太愿意信服的人最后影响了我。

在我从事社会工作以来，对我影响最大的一个人是当时机构的负责人黎丹丹。她是我大学毕业走向社会遇到的第一位"领导"，也是因为这样的缘故，开启了我与黎丹丹非常难忘的生命连接。

在工作中她带给我不同层面的成长，从最开始"打工式"工作到最后"创业式"奋斗。工作初期，我们交心的时候特别少，我觉得她身上有一种让人压抑、不愿意与她处在同一个空间、让人感觉很不快乐的东西，说话没有感情。由于原生家庭的影响，我不喜欢与人冷冰冰地相处，这导致我怀疑我到底能在这个机构坚持工作多久。这是我最开始的印象。当机构只剩我们两个人时，我们有了更多交心的机会。深入接触后，我发现她是一个很坦诚的人，她跟我分享了她的许多故事，我开始慢慢了解她，走近她，并且找到她"冷冰冰"相处模式背后的原因，我也开始渐渐喜欢在湘川情的工作氛围。因为机构的特殊性，两个人在坦诚走近之后，变为无话不说的朋友，在工作中也有了不错的默契，机构的外联工作基本是由她完成。那时她的工作方式虽然还很"稚嫩"，但是也有风格——她很会鼓励人，我不知道那时的我是否如她所说那样很适合带青少年活动，但她的这个评价是对我正式走向工作岗位的一份认可。带着这份认可，截至目前，在青少年服务工作中，我都有一种发自内心的自信。虽然在工作中也有很多不愉快，但是在与她相处、共同经历的酸甜苦辣中，造就了我对机构的归属感，以至在没有工资的情况下，我们还一起坚守在机构，去做一些努力。恩师史铁尔的支持与引荐给了黎丹丹很多学习的机会。那时候她特别喜欢带着我一起学习，我现在朋友圈里一大半社工行业的优秀老师与同行，都是通过她认识的，我因此有机会接触更多的行业优秀人才，学到非常有用的知识，稍微弥补了我在小县城缺乏学习渠道的缺陷。应该说，在真正进入社会工作行业后，在具体的实务与外联工作中，我还是获得了一些启发式的引领。这对我来说也非常重要，也影响着我的一些工作风格，后期的相处模式也推动我更加想留在机构的想法，曾一度以创业伙伴的身份在机构和她一起坚守。

（三）重要的事件如何塑造了我

我有一个愿意和我一起冒险的朋友。

2008 年汶川特大地震，四川阿坝州理县受灾严重。那一年我 15 岁，读初中三年级，我第一次感觉死亡离我这么近——当时我们正在上微机课，突然一声巨响，整座楼开始晃动，还没搞清什么状况，班里的同学都开始往外跑，我和班里关系最好的朋友挨得很近，抓着彼此的手"开跑"。我到现在记忆犹新，我们两手抓得紧紧地，生怕因为地震摇晃，把我们分开。我还记得在我们"逃亡"的过程中，不知道是因为害怕还是因为地震震感强烈，跑不稳，随时都可能摔倒，我内心盘桓着一句话，"快跑，快跑，跑到一楼就安全了"。随着"逃亡"人群终于跑到一楼，地面的晃动也停了下来，但是我还没从惊吓中走出来，全身都在发抖。这时看到周围的山坡开始滚落山石、高年级的哥哥姐姐找到低年级的弟弟妹妹，他们相拥而泣。看见周边的环境，我意识到这是一场很严重的灾难。我外公外婆住在县城，我上学期间和他们一起住，我好害怕再也见不到他们。于是作了决定，我要跑回外公外婆家看看他们是否安全。和我同班的一名铁友义无反顾地要陪我一起去，我很感动，但是当时到处有山体滑坡和滚石坠落，非常危险。我不让她陪我冒险，但是她很坚定地要陪我一起，我俩鼓足勇气出了校门，因为害怕，全身发抖，双腿发软，仿佛上"战场"，可能还会"生死不明"。外公外婆家我每天都在来来回回，但是因为地震的来临，去外婆家的路变得很陌生，到处

我怎么成了现在的我

53

都是碎石和房屋垮塌的残砖碎瓦，感觉一不小心我们俩就会在这条路上"丢了性命"。我们俩拉紧双手，开始朝着目标前进，常走的路已经不通，换了几条路线，终于走到离学校1000米外的外公外婆家，看见外公外婆已经在安全地带，我心里松了一口气……

回过神来，我开始担心在老家（高半山）的父母，我甚至开始怀疑，我会不会永远见不到他们。由于失联，各种揣测和不安萦绕脑海……几天后终于和父母取得联系，大家都平安，悬着的心终于放下了。这是我第一次感受到，家人对我来说有多么重要，我有多害怕失去他们。我还第一次感受到，危难面前朋友对我的支持多么宝贵。宝贵的友谊让我在朋辈圈获得了安全感，造就了我比较真诚的性格。

我从受助者变成了渴望助人的人。地震后，我们住在过渡安置板房里，也是在那时候，我看见很多来自全国各地的志愿者，还有解放军来支援我们灾区。一次无意间，我听说帮我们搭帐篷的好几个武警官兵才17岁时，生出许多感触。灾难发生时，我们都渴望与亲人团聚，但是这些年轻人却奔赴灾区……受这些同龄人的影响，我心里滋生了许多的正能量。我开始进一步了解志愿者，心里暗暗地有一些想法：如果以后有机会让我去做志愿者，我一定去。在那个年龄段，在我的定义里，志愿者代表"善良"，代表"高大上"，很了不起。

所以读高中的时候，听说学校成立了志愿者协会，要招会员，我心里特别激动，终于可以当志愿者了！然后毅然报名并拿到了志愿者证。我至今还记得，当时颁发给我们的志愿者证上写的是阿坝州志愿者。竟然是州级的一个志愿者证，好高的荣誉呀。老师告诉我说，以后去哪里，你们把这个证亮出来，让人知道你是志愿者。我认为我又上了一个层面，成为我自己所崇拜的人，喜乐感和优越感爆棚。之后我知道学校的志愿者协会是由理县湘川情发起的。就这样，我认识了湘川情，认识了社工，知道湘川情是一个助人的机构，社会工作是一个助人的行业。这段经历为我走上公益之路作了一些铺垫。

我的社工生涯

（一）初遇社会工作

高考临近，大家开始备战，为了考上自己满意的大学，但同时我们也有点小迷茫，不知道该报考什么专业。正在我拿不定主意时，看到了长沙民政职业技术学院的单招广告册上的社会工作专业，了解毕业后是像湘川情一样做助人的工作，当时很惊奇：还可以把像志愿者这样助人的事情变成职业，还有工资，何乐而不为呢？可能是因为喜欢这个做"好事"的职业，加上湖南省在地震时对口援建我的家乡，我对湖南有一种特殊的好感，我毫不犹豫通过单招考上了长沙民政职业技术学院社会工作专业，走进长沙民政职业技术学院，遇见我生命中的"贵人"——在离家乡千里之外的学校我看见了在自己家乡做过服务的史铁尔老师，这让我倍感亲切。知道他是社工学院的院长后，我更是觉得喜从天降——我们是灾区的学生，史铁尔老师对我们有非常多"特殊"的照顾，把很多学习机会提供给我们，把我们当成种子一样去培育、呵护。我记得当时，参加史铁尔老师的实务团队是一件很荣耀的事情——要通过层层面试筛选出最优秀的学生，才有机会成为史铁尔老师督导的学生。像我这样从西部小山区来的，接受的教育跟不上城市的步伐和节奏，文化课水平也上不了台面的学生，能不能进入实务团队我非常不自信。

按理像我这样的学生是没有竞争能力进入史铁尔老师的团队的，但是史铁尔老师给了我们"特殊"照顾，不仅同意我加入实务导师团队，还给我机会到沈阳市参加大学生论坛会。这是很多同学羡慕的事情，也是我可以引以为傲的事情。我还记得大学时史铁尔老师最喜欢对我说的一句话："海莉，很不错啊，加油！"很简单的语言，对当时的我来说是很大的鼓励。从有史铁尔老师督导的学生身份，再到有更多的机会被史铁尔老师督导，参与实务工作，我开始积累知识，增强了自信心，在专业文化课上也没那么自卑。两周的一次实务督导成为我很期待的事情，因为在每一次督导中，史铁尔老师都会给我们力量，我很享受督导后我们的行动过程，接受督导后，我看见了自己的变化，也看见了服务对象的变化。在史铁尔老师的带领下，我大学三年的每个周六上午不管刮风下雨，都会定期去开展服务工作，带着情怀去做事情，把服务对象的利益始终放在第一位。史铁尔老师给我的机会对我来说特别重要——如果读书生涯中没有这些经历，我对社工的理解就不会那么深入，也许只是完成学分任务，平淡地毕业，我跟社会工作行业的缘分也不会这么深。

在毕业时，史铁尔老师向我了解毕业规划，鼓励我回到理县湘川情，在本地发展。由于恋家，再加上史铁尔老师的鼓励，我走上了理县的本土社会工作行业之路。

（二）我的社会工作高峰与低谷

被吓得不自信。刚毕业时，我对工作很认真负责，不愿意"将就"，我会按在学校做实务的那种态度去做我所负责的工作。真是初生牛犊不怕虎，对小组工作的各种理论还没有搞得特别清楚时，我就对接学校招募留守儿童发展小组工作。当时我跟学校老师的沟通今天看来真是马虎，而机构正好是几个刚毕业的小年轻在运营，没有太多专业督导，都是在摸索中前进。我们在自己的"小圈子"中完成一些任务指标，实际工作能力满足不了服务对象的需求。我还记得当时学校教务处主任因不了解情况，反问我："你们是干什么的？要把我们的学生接到哪里去？"把不自信的我给吓坏了，再加上当时机构缺乏督导者，一线社工没能及时得到支持性的回应，导致这个小组工作没能很顺利地完成。这些不愉快的工作造就我之后的工作心态——总是带着不自信与各部门沟通，总觉得别人会怀疑我的能力。

机会让我成长。成长是需要积累的，自信也是。我有幸在2015年成为本地的政协委员，这对于一个小小的社工来说是很高的荣誉。在很多优秀行业人员面前为社工行业发展发声，我开始慢慢认可自己，越来越自信。随着服务经验的增长，对外发声的机会越来越多，参与政府工作汇报、代表优秀志愿者发言、受邀到同行机构分享社工服务经验、被部门邀请开展团体辅导活动……多年后回首，这不就是成长的足迹吗？

记忆比较深刻的是2022年5月，那时候我的宝宝才6个月，在哺乳中，我的身体发福，胖胖的、矮矮的，在对外活动中比较自卑。就在这时，我接到黎丹丹的电话，说我被评为阿坝州优秀社工，需要代表优秀社工发言。我一方面觉得很荣幸，另一方面开始担忧，怕自己发言不好、表现不好。我开始有意识地调整心态，做准备工作，虽然可以拿着稿子念，但为了呈现更好的状态，念稿子我练习了不下30遍，我身边的人都觉得好夸张。最后在表彰会现场，我自信、流利地完成了发言。我看到台下有很多双眼睛认真地看我发言，并有眼神交流，我知道我算是成功完成任务了——只要有充分准备就会有底气，有底气自然就会自信。这次经历鼓舞着我找回了自信的自己。

人生没有一帆风顺，工作也是。虽然坎坷的事情会经常发生，但是随着时间的推移，经验的积累，我遇事不再像以前那样退缩，更不会怨天尤人，现在更多的是寻找解决办法，用心感受每一个事件带给我的成长。虽然偶尔也会情绪消极低落，但是相比以前，我会很快从中跳出来，向积极的方面行动。我能感受到自己的成长。

我的职业发展

从学习社会工作专业到现在已有12年，在这12年中我的角色发生了比较大的转变，从一个初出茅庐的社工成为湘川情负责人，作为一个机构负责人，我的担子更重了，责任更大了，我自己更需要不懈努力提升能力，团结社工们，迎接新的挑战，在目前大好形势下，将湘川情可持续地发展下去，更上一层楼。

12 年来我见证了理县社会工作的发展，从无到有、从无人知晓到几乎人人知晓、从被动支持到主动支持，一切都向好的方向发展。虽然我也兜兜转转犹豫过，但我最终找回初心，想在自己喜欢的领域，探索更多创新服务。目前机构经过多年的探索，在青少年社会工作和减灾防灾方面做了许多工作，积累了丰富的经验，社会各方面反响良好，我自己做青少年服务和减灾防灾服务也得心应手，并且也能够提炼总结经验，开创新的项目，也想把新项目作为机构发展的突破口，使机构做出特色，站稳脚跟，力图以后更好地发展。

现在湘川情获得了政府和民众的认可与支持。在理县这个特殊的环境中，有许多需求和问题要我们更加努力地为民众服务，我们希望探索出一条适合川藏高原少数民族地区的社会工作之路，为家乡、为社会工作作出自己应有的贡献，成为真正扎根川藏高原的"社工格桑花"。

一名湘妹子的跨界之旅

李　娜①

　　我逐渐明白，与孩子的交流不仅需要爱，还需要技巧和智慧。在互动中，我学会了更加耐心和细心地倾听孩子的内心世界，努力理解其言行的真实感受。我鼓励他自由地分享自己的想法和情感，不再在交流中打断他的话或忽略他的表达。通过一起旅行、打羽毛球、唱歌等活动，让他慢慢地发现生活的多彩和美好，渐渐地，他的眼神也变得柔和起来，话也多了，开始愿意交流了，偶尔也愿意分享自己的一些快乐和烦恼，变得自信和开朗了许多，我们的亲子关系因此变得更加亲密。

　　在这段充满挑战与成长的过程中，我深刻地体会到社会工作的深远魅力和其无法估量的价值。

危机重重

　　"快点，快点！你这孩子为啥总拖拖拉拉的？再这样我可不管你了！"小区里，焦急又带些愤怒的呼喊划破了清晨的宁

_____

　　① 李娜，女，高级心理咨询师，长沙仁与公益组织发展与研究中心机构总干事，湖南省社会工作协会常务理事，中华文化促进会家庭教育工作委员会专家库讲师。

静。我顺着声音望过去，看到一位母亲正对她约 6 岁的孩子大声斥责。孩子脸上挂着泪痕，一边抽泣一边跟在妈妈身后，手里还攥着没吃完的早餐。这一幕触动了我内心深处的记忆——我自己也曾是那个在绝望中挣扎的母亲。

在我成为社工之前，我是一家公司的财务负责人，同时也是一名新手妈妈。工作与家庭的双重压力让我常常感觉力不从心。除了日常的忙碌，我还得应对烦琐的家务和孩子的教育问题。缺乏经验的我，往往只能用责骂和吼叫来应对问题，这使得我与孩子的关系日渐紧张。随着孩子青春期的到来，这层隔阂越发深重。我们无法理解他的心境，他也无法感受到我们对他的关心和爱护。他回到家便把门锁上，宁愿独自一人，也不愿与我们交流。他逐渐变得话少，有时一整天都懒得说一句话，连吃饭都故意避开我们，不愿与我们同桌。看着孩子的沉默与自我封闭，我的心中充满了深深的担忧和焦虑。这种无助的痛苦仿佛让我一夜之间苍老了许多，白发也悄然爬上了我的头顶。

我深爱着我的孩子，也试图通过种种方式来修复我们的关系，但每次尝试似乎都是徒劳。在那些日子里，我感到格外的无助和绝望，仿佛整个生活都被一片黑暗笼罩着。

拨云见日

正当我几乎要放弃时，一个偶然的机会，我遇到了长沙民政职业技术学院的刘老师，一位充满热情的社工，专门为那些处于困境中的家庭寻找出路。在一个阳光灿烂的午后，我们约在学校操场见面。我向他倾诉了我的苦恼和痛苦，他耐心地倾听着，并认真记录着我的每一句话。我的眼泪不知不觉间流了下来，刘老师用他那温暖的话语安慰我："没关系的，孩子还在成长，我们一起加油，一定能找到解决的办法。"

从那天起，刘老师便经常利用空余时间与我和丈夫深入讨论孩子的问题，帮助我们分析孩子遇到的困难，如学习的压力、人际关系和情绪管理等，并一一列出解决方案。他还积极为我们介绍了其他优秀的社工团队，他们倾听我们的困惑，并用他们的专业知识给出相应建议。

起初，这些努力并未起到立竿见影的效果，我甚至开始怀疑，社工是否真的能帮助到我们。正当我们感到迷茫的时候，史铁尔教授如一束光出现在我们生活中。他的话语简朴又充满温暖，仿佛照亮了我们前行的路。他不仅以其专业知识帮助我们勇敢面对挑战，还不断激励我们，挖掘我们的内在力量。在与史教授的每一次交流中，他总是耐心听我们倾诉，从不急着打断或快速给出答案，而是设身处地地理解我们的处境和感受。他细致地引导我们梳理问题，逐步找到问题的根源和解决之道。在他的不懈支持下，我们又重新燃起了希望。在史教授的指导下，我开始静下心来反思自己的行为，学会真正倾听和理解孩子的内心世界。我开始思考，在孩子面临困难和挫折时，如何真正支持和引导他。我不再只盯着他的短处，而是开始赞赏他的优点和长处。

与孩子最初的交流是艰难的，孩子的过去在我心中种下了深深的阴影，每当直面他，我的心里依旧忐忑。他的眼神不像以前那样灵动，似乎被一层无形的阴霾包裹着，他的话语不多，甚至不大愿意与人交流，经常独自一人呆坐在房间里，对我们满是敌意。我害怕自己生硬的言辞会触碰到他那敏感而脆弱的心灵，担心我们的关系会因此陷入僵局，难以修复。

然而，我深知，只有正确面对，直面问题，我们才能跨越这道鸿沟。于是，我开始抓住生活中的每一个小细节来寻找机会。刚开始，孩子总是和我保持一段距离，不愿意过多和我说话。这并没有让我气馁，反而坚定了我要努力理解他的决心。我开始每天记录他的点点滴滴，无论是他愿意听的话语、他喜欢的食物，还是他在家中的一举一动，这些琐碎的细节逐渐编织成了我了解他的一点一滴的线索。

每次听到孩子的房门轻轻响动，我都会小心地观察他的需求。当他出来倒水时，我会试着递给他一些他爱吃的水果。虽然开始几次他都没有接受，甚至对我爱搭不理，但我没有放弃。经过不懈地尝试，终于有一天，他轻声回答我"不用"。虽然只是简单的两个字，却标志着我们之间的距离在慢慢拉近。我心中涌动着喜悦，眼角也不自觉地滑落了泪滴。正如爱因斯坦所说："耐心和恒心总会得到报酬的。"我坚信，只要我不放弃，总有一天孩子会真正感受到妈妈的爱。

我逐渐明白，与孩子的交流不仅需要爱，还需要技巧和智慧。这要求我不断地学习和自我提升，寻找适合与孩子沟通的方式方法。通过一年半的记录、总结和反思，我发现自己的视角和态度悄然发生了改变。我开始用更加包容和理解的心态来看待孩子，不再对他提出过多要求，而是希望他能健康快乐地成长。我深刻理解到，每个孩子都是独一无二的，都拥有自己的成长节奏和方式。

在实际的互动中，我学会了更加耐心和细心地倾听孩子的内心世界，努力理解其言行的真实感受。我鼓励他自由地分享自己的想法和情感，不再在交流中打断他的话或忽略他的表达。通过一起旅行、打羽毛球、唱歌等活动，让他慢慢地发现生活的多彩和美好，渐渐地，他的眼神也变得柔和起来，话也多了，开始愿意交流了，偶尔也愿意分享自己的一些快乐和烦恼，变得自信和开朗了许多，我们的亲子关系因此变得更加融洽。忽然间我似乎明白了一个道理：爱是相互的。当我以理解和包容的态度对待他时，他也会以同样的方式来回应我。要想改变他人，最好的方式就是改变自己。

在这段充满挑战与成长的过程中，我深刻地体会到了社工工作的深远魅力和其无法估量的价值。史教授给予的爱和支持无比珍贵，他不仅用他丰富的经验教我如何与孩子进行有效沟通，还教会了我如何巧妙地管控自己的情绪，如何耐心地倾听对方每一个心声。他的言传身教如同一盏明灯，照亮了我这个母亲的前行道路。

如今，我的孩子已成功考入大学，并积极投身社会工作，特别是在帮助留守儿童方面取得了一些不错的成绩。教育之路从未一帆风顺，但只要我们真心陪伴、细心引导，倾听孩子内心的声音，尊重他们的选择，用爱和理解取代责骂和叫嚷，孩子自然会变得越来越好。"教育不是注满一桶水，而是点燃一把火。"我愿意用心去点燃孩子内心的那把火，在人生路上闪闪发光。

在孩子成长的道路上，我结识了如此多充满爱心与专业精神的社工，他们不仅成了孩子的朋友，也是我们家庭值得信赖的伙伴。他们的每一次倾听和耐心解答，都为我们的家庭带来了无尽的温暖和希望，充分诠释了"爱人者，人恒爱之"的深意。社工们专业的知识和无私奉献的精神，不仅帮助了我们这样的家庭，也让我深刻地感受到社工工作的崇高和伟大，激发了我对这个行业的浓厚兴趣。

一天，我收到了一份来自公益机构的邀请函，邀请我加入他们，共同为公益事业贡献力量。面对这个突如其来的机会，我既激动又忐忑，激动于能够踏上这条实现公益梦想的道路，忐忑于是否能够胜任这份充满挑战的工作。但每当我想到儿子那纯真的笑容和他眼中的期待，我就立刻坚定了自己的决心——是那些社工的爱心，让我的孩子重新找回了自信和快乐。这份感激和敬意成了我前进的动力。

破茧成蝶

在丈夫的鼓励和支持下，我欣然地接受了这份邀请。我知道这条公益之路充满挑战，不会一帆风顺，但我已准备好，勇敢地去面对接下来的挑战。

作为一名湘妹子，我在面对生活的种种挑战时，总有一份敢于冒险和勇于尝试的激情。然而，我深知，单凭简单的热情是万万不够的。这条道路上，我还需要不断地学习新知识，实践新技能，总结经验教训，不断地去进步和成长。

在我加入公益机构后不久，便迎来了一项严峻的挑战——业务亟待重新开发。机构也处在了急需转型的关键时刻，原有的项目基本接近尾声，我们迫切需要开发新的业务来维持机构的运营。我意识到，转型的成功与否将是我们机构能否留下核心骨干成员的关键因素。我不断提醒自己："世上无难事，只怕有心人。"我深知，只有通过团队的协作和磨合，我们才能激发出团队的力量。

在项目初期，我们每个人都携带着自己的经验和习惯为共同的目标而努力。我积极倾听每位团队成员的想法和意见，尊重他们的差异，理解他们的需求和期望。同时，我也分享自己多年的工作经验和见解，以促进更有效的团队协作。在这个基础上，我引导团队积极参与投标和寻找合作伙伴的工作，明确分工，有的负责收集市场信息、洞察行业趋势；有的负责细化项目需求，确保标书的精确性；有的则专注于撰写文案，展现我们的决心和承诺。通过集思广益，每位成员都能发挥自己的特长，共同为机构探索新的发展路径。

在编写复杂的标书过程中，我采用了"分解任务"的方法：一部分人负责梳理项目的框架和构建逻辑体系；一部分人深入挖掘技术细节，确保方案的可行性；还有一部分人负责美化排版，使标书既专业又美观。这样的合作模式在经过一段时间后，我们逐渐形成了深度的默契，不仅完成了多个项目的投标工作，还实现了高达80%的中标率。这种基于深度理解和相互尊重的合作模式，加深了团队成员之间的情感和团队的向心力。

记得在一个严冬的日子，我们同时面临着三个紧急标书的撰写任务。时间紧迫到简直让人喘不过气来，尤其是在第二天需要开标两个项目，且其中一个标书次日马上要开标，但资料因为任务重而没有完全准备好。当时，我还身处异地的一家酒店，无奈之下只能熬夜赶工。那个夜晚，我和我们团队的一位成员一直忙到凌晨 3 点，累得几乎无法动弹。我们身心俱疲，感觉随时都可能会崩溃，但仍然咬紧牙关，坚持不放弃，因为我们知道，我们的每一个字都承载着团队成功的希望。到了第二天清晨，尽管身体因为熬夜而极度不适，我们仍然强撑着前往投标地点。在那一刻，我深刻感受到了社会工作的艰辛与挑战，意识到这份工作不仅要求我们拥有扎实的专业技能，更是对我们坚韧不拔的意志和无私奉献的精神的考验与升华。

一两年的锤炼与实战经验让我们的团队在撰写标书和投标方面变得越来越成熟。我们学会了如何合理分配任务、高效沟通合作，以及如何在压力下保持头脑的冷静和专注。作为团队领导者的我也在不断开拓自己新的工作思路和工作方式，更深刻地理解了团队协作的重要性。在共同探讨、互相启发当中，我们每个人的智慧和力量都能得以充分发挥。经过不懈努力，团队成员已从最初的 30 人增加到 60 多人，我们的业务量也逐渐达到了机构成立以来的最高点。这一切成绩的背后，都离不开每一位团队成员的大力协作和辛苦付出。这些经历使我时刻铭记一个道理：困难面前，办法总比困难多。

随着业务量的迅速增长，我们不可避免地面临一个新的挑战，那就是确保团队成员的综合能力与不断增长的服务需求相匹配。当时，我们的团队成员在能力上参差不齐：一部分人在管理上表现比较出色，但在专业知识方面还需要不断提升；而另一部分人虽然在专业技能上比较精通，但在综合管理能力上又稍显不足。

为了解决这一困境，我运用了一种创新的团队管理策略，即将专业人员和行政管理人员结合在一起工作，充分利用每个人身上的优势，以期取得"1＋1＞2"的效果。我仔细评估了每位成员的特点，精心将他们调配到各个项目团队中。这种配置使他们能在项目实施过程中互相学习、互相支持，从而共同成长。

这种灵活的安排有效地补齐了团队的短板，不仅确保了项目的顺利执行，还为团队成员提供了宝贵的学习和锻炼机会，也为建设一个更加默契和高效的团队打下了坚实的基础。

记得在 2023 年的冬天，我决定带领团队迎接一项重大挑战——参与长沙市社会组织等级评估的 5A 级申报。这不仅是一次关键的评估，也是展示我们机构综合实力、增强团队凝聚力、提升我们在行业内影响力的绝佳机会。然而，这个决定起初在团队中却引发了一些担忧，如果我们不能成功获得 5A 级的评级，那么这样的过程及结果会不会对我们机构的声誉造成不利的影响？我鼓励团队成员一起努力，勇于尝试，为我们机构的荣誉和未来拼一把。

从接手长沙市社会组织等级评估 5A 级的申报任务开始，我们便进入了一段紧张而充满挑战的工作阶段。项目伊始，我们细致地进行了任务分配，明确了每位团队成员的职责和关键时间节点。随着评估工作的深入，我们经历了从初稿到最终定稿的多次讨论和修改，团队成员不惜牺牲大量休息时间，加班加点地努力，确保每一个细节的精准呈现。这一系列经历不仅考验了我们相关的专业能力，也提升了我们对任务艰巨性的认知。

在 5A 级评估的关键时刻，因为一些特殊原因，评估时间迟迟未能确定，为了缓解大家前期的疲惫和后面参与评估的压力，机构管理层精心策划了一次期待已久的团建活动。此次团建不仅是一次减压的机会，也是学习并增进团队感情的重要时刻。

尽管 5A 级评估准备工作已经基本安排妥当，并且我已经将机票和行程安排好，突然接到评估方的通知，必须派人参加评估指标体系解读的培训会议。为了确保团队对评估要求的理解更加精确无误，我作出了艰难的决定：取消机票，独自前往培训现场，牺牲了与团队共度时光的机会。当收到团队成员们在目的地给我打来的电话，表达他们的不舍与惋惜时，我再也抑制不住自己的情感，所有的压力、愧疚与失落随着泪水一同涌出。但我心里清楚，困难面前为了机构我应该站在前面。

虽然未能亲自参与团建活动，但我的心始终与团队紧密相连。培训一结束，我立即组织了一次线下会议，分享了培训中获得的经验和知识，确保每位团队成员都能清楚地理解和响应评估指标的要求。会后，大家迅速投入紧张的工作，相互支持，共同克服接下来的困难。每当回想起我们为了评估所付出的努力和团结一心的场景，我都感到无比的骄傲和满足。因为我知道，我们不仅为机构的发展作出了自己的贡献，每位团队成员也在这一过程中得到了磨炼和成长。

如今，我们机构已经顺利通过了长沙市社会组织等级评估的 5A 级申报。当我们在公示名单上看到自己机构的名字时，心中的喜悦难以言表。所有的付出和努力终于得到了应有的回报和认可，这不仅是一枚荣誉的勋章，更是对我们不懈努力的充分肯定。这份成功让每位团队成员的心中都对未来充满了信心和期待。

这次经历不仅是一次挑战，更是一次宝贵的磨炼。它将我们更紧密地联结在一起，形成了坚不可摧的同心结。团队之间的默契和凝聚力空前增强，每个人都更加坚定地信任彼此。我们现在只有一个愿望，那就是继续携手并肩，为机构的未来贡献更多力量，共同书写更加辉煌的篇章！

任重道远

不知不觉中，我已在社工这条路上走过了近6个春秋。我们机构的总部设在长沙，许多项目需要在异地开展。作为机构的总干事，我负责监督整个机构的运作和团队的发展，积极寻求并整合各种资源，以确保机构的良性运转。同时，在项目中，有时也需要我成为一名一线社工，致力于为这些项目提供必要的帮助和指导。

这种角色的转换，让我需要频繁地到异地出差，有时一次出行就是十天半个月。对于一个有着家庭责任的中年女性来说，这无疑增添了许多辛苦和压力。我是一个母亲、一个女儿，也是一个妻子，家庭对我来说意味着无尽的温暖和牵挂。但作为机构的负责人，确保每一个项目都能得到妥善管理和推进也是我不可推卸的责任。

记得一年元宵节，我因负责一个异地项目而无法与家人团聚。在这个应该欢庆团圆的节日里，我远离家乡，独自面对工作的压力和孤独。当时我走进一家街头的小店，希望在那里找到一丝家的温馨，但当我面对那些象征着团圆的汤圆时，心中却是满满的失落与思念，眼泪不由自主地流了出来。此后，每当夜深人静在外出差，我总是会想起家中温暖的灯火，想起离家时父母温柔的目光、丈夫和孩子那支持却不舍的表情。这些时刻，我痛切地意识到自己常常在家人需要我陪伴的时刻无法在身边，聚少离多的生活使我深感无奈。

我的母亲一直是个坚强的人，即使在病痛中也总是默默忍受，不愿意让我担心。那个严冬的早晨，异地出差第三天，我接到弟弟的电话，他急切地告诉我母亲的肺部感染严重恶化，上吐下泻，已虚弱到无法站立。这些症状其实早有征兆，但母亲选择了隐瞒，生怕打扰我的工作。她还长期患有严重的风湿性关节炎，依赖药物来控制病痛。直到情况恶化，弟弟才将她送往医院。得知这一消息时，我心里充满了内疚和自责。通过电话，我焦急地了解每一个细节，虽身处异地无法立刻返回，却时刻与弟弟保持联系，关注母亲的病情。每次听到她的咳嗽和呻吟声，我的心都会紧紧揪起。这种责任与距离之间的挣扎，深刻体现了所有在外奋斗者的心声和痛苦。

幸运的是，我的先生和弟弟一直在鼓励安慰我："没关系，你忙你的，家里有我们在。父母也常提醒我们要让你知道，在外要好好照顾自己。"在他们和医护人员的精心照顾下，母亲的病情逐渐好转。当我出差结束回到家中，看到母亲那憔悴却坚强的面庞时，我深知她已经度过了最艰难的时刻。她没有多说什么，只是对我宽慰地微笑，那一笑让我心领神会：无论我身在何处，无论面对何种困难，家人的理解与支持始终是我坚强的后盾。

如果说对工作的热爱是一团燃烧的火焰，倾注了我所有的心血，那么与家人的羁绊则如同潺潺流水，温柔地润泽我的心田，是我无法割舍的情感。在每一个离家忙碌的日子里，每当我独坐窗前凝望着夜空中的繁星，心中涌动的都是对家人的无尽思念。

在我的职责中，作为机构负责人，无论何时，即便心中无比渴望回到温暖的家庭，我也必须坚守自己的岗位。不仅是我，我们机构的许多同事同样面临着在工作与家庭之间艰难抉择的挑战，大家经常不约而同地优先选择工作。正是因为这种坚守与奉献，我们才能保持每一个项目的稳定和良性发展，并获得了合作伙伴的高度认可，使我们的项目在社会工作行业中发光发热，成为独特的品牌。

过去的经历，如同一面镜子，映射出我心中成长的喜悦与失败的心酸，让我变得更加成熟和坚强。这些经历也让我更加珍惜生活中的每一刻。无论未来的道路多么坎坷，我将继续为我所热爱的事业努力，同时也会尽我所能照顾好我的家人。我期待在未来的日子里，能找到一个更好的平衡方式，既能为机构作出贡献，也能与家人共享更多美好时光，让每一天都过得有意义。在爱的加持下，我相信自己能克服每一个挑战，迎接更加美好的明天！

坚持不懈

时光如白驹过隙，转眼间我在社工这条道路上走过了这么多年，每一步都留下了温暖与成长的印记。从初入行业时的迷茫与憧憬，到如今能以更加温柔和坚定的姿态前行，我深刻铭记着这份职业带给我的力量与美好。正如马丁·路德·金曾经说过的："每个人都有能力去做伟大的事情，因为每个人都可以服务他人。"这份服务他人的热情和执着，是我选择并坚守社会工作的职业初心。

在社工的陪伴下，我见证了无数令人感动的故事。每一次伸出援手、每一次倾听与陪伴，都让我深刻体会到社会工作的意义和价值。我有幸看到孤寡老人重拾笑容，孤儿的心灵得到慰藉，以及无数在生活中挣扎的人们重新找到希望。我珍视每一次帮助他人的机会，不仅因为他们的故事触动人心，更因为社会工作不仅是一份职业，更是一种使命，一种深沉的责任感。

"我们无法在人间做大事，但我们可以用大爱做小事。"社工的力量不在于我们能改变多少人的命运，而在于我们能为那些需要帮助的人带去多少温暖、唤醒多少希望。正是这些看似微小却充满爱的行动，构成了通向更美好世界的坚实基石。我愿意成为这一使命实现的一砖一瓦，通过自己的行动影响他人，让更多人感受到社工行业的魅力与价值。

社工之光

人生的旅程绝非一帆风顺，每个人都将面临风雨和困境。正是这些经历使我深刻理解了在困难时刻给予他人关爱和支持的重要性。每个人的生命对我来说都是无比宝贵的，这让我坚信，作为一名社工，我有责任对每一个遭遇困境的人伸出援手，给予他们最真挚的关心和帮助。我愿用我微小的力量，为需要关怀的心灵带去温暖，让他们感受到社会的温暖与关注。

展望未来，我将带着更加坚定的信念和满腔热情继续我的社会工作事业。与我的同事们一起面对挑战，把握机遇，为更多的困弱群体带去希望与改变。我坚信，只要我们心中有爱、肩上有责任，我们就能共同创造一个更加美好的明天。在这条充满爱与光明的公益之路上，我将致力于继承并发扬我们杰出社工前辈们的崇高精神，勇往直前。通过实际行动，我将陪伴并见证每一个家庭的成长与变化，用我自己的力量为他们带去希望和温暖。

社会工作行业，犹如一片璀璨的星河，我和我的同事们都是这个星河中的一颗小星星。虽然每颗星星的光芒很微小，但当我们的力量汇集在一起时，就会形成一片能照亮他人前行的温暖光辉。我们不仅是慷慨无私的援助者，还是社会变革的见证者和积极的参与者，我们将肩并肩，心连心，用无限的爱心与深厚的关怀去支持每一个处于迷茫中的人，让爱的力量汇聚成前行的光芒。

苗寨"禾"生：被社会工作照亮的人生

龙仙翠[①]

现在那张奖状还贴在我家里的墙上，每每看到它，都觉得这段回忆特别美好。那时真的很开心。也是因为参加社工组织的活动，我才慢慢地提升了自己的自信心，之前内向、自卑、胆小的性格也慢慢变得开朗、自信起来，慢慢地我也愿意去与人接触交流了。

我叫龙仙翠，是一名社会工作者。我的家乡位于湖南省湘西土家族苗族自治州古丈县，原属于偏远的贫困少数民族村落。我曾经是湘西苗寨的一名留守儿童，10年前，受长沙民政职业技术学院社工师生团队的感召，成为志愿者；10年后，作为湖南省"禾计划"的一分子——古丈县社工站站长，我正和团队一起为家乡贡献社工的力量。

我的童年

我是一名土生土长的古丈县中寨村苗家姑娘。我的家乡位

---

① 龙仙翠，女，中共党员，中级社会工作师，湘西自治州原古丈县乡镇社会工作服务站站长，现古丈县古阳镇人民政府民政专干。

于武陵山片区，距古丈县城约 27 千米，距离州府吉首约 25 千米，是由原来的中寨、己戎两个村合并而成。中寨村现辖 5 个自然寨（鬼溪、己戎、老寨、中寨、阳光寨），8 个村民小组，全村 315 户 1230 人，是一个纯苗族行政村。全村面积 18.5 平方千米，村民主要以种植业和畜牧业为主。2021 年脱贫攻坚前的很多年里，中寨村是贫困村，村中居民本土文化认同较低，文娱活动匮乏。此外，受都市大众文化的侵蚀，村民缺乏自我和社区认同，传统文化逐渐没落，农耕文明有被边缘化的危险。与此同时，村里青壮年大多外出打工，村内"三留人员"（留守儿童、留守老人、留守妇女）留守现象严重。我曾经也是一名留守儿童，早年性格内向，不爱与人交流接触。从 2003 年起，长沙民政职业技术学院、民革湖南省委先后到我们村开展各种农村社会工作服务、扶贫开发项目。2010 年，中寨村农村社会工作服务被中国社会工作协会列为农村社会工作示范点。因此，童年的我便在长沙民政职业技术学院社会工作专业师生们开展的村庄服务中接触到了社会工作等以前从未接触过的新知识。

　　童年时期，作为一名留守儿童的我还接受过来我们村开展服务的社工的帮助。记得那年的暑期漫长而又枯燥，自从长沙民政职业技术学院的社工哥哥、姐姐们来到村里之后，我的暑期生活就丰富了起来。以前我不喜欢出门，不喜欢和人接触，有一天，一个微胖的社工哥哥和漂亮的社工姐姐来我家里走访，他们穿着蓝色的衣服，衣服背后写着"爱心助人　公义务实"字样。他们一来就很亲切地与我打招呼，然后邀请我去村小学校和他们一起玩，参加他们的一些活动。那是我第一次受别人邀请去参加活动，心里很高兴，欣然答应了。之后慢慢地，我开始去村小学校的社工站打发我的闲暇时光。在社工站，最初我只喜欢待在图书室里静静地看书，阅览着各式各类的书籍。记得当时我的英语成绩很差，跟不上学校老师的教学进度，每次英语考试总是在 60 分左右徘徊。有一次，我在图书室看到了一本《红魔英语》，里面对英语的学习技巧讲述得很清楚，从词组到语法，每一块内容都分析得很透彻。加上还有社工姐姐的指导，我的英语慢慢地有所进步。最后，社工哥哥把那本书长期借给了我。在初中的最后一年里，那本书一直陪伴着我，帮助着我。初中毕业考试，总分 120 分的英语我考了 113 分，对我来说已经是非常好的成绩。现在回想，真的很感谢他们，因为他们的帮助我才会有如此大的进步。

除此之外，他们还开展了社区活动，以丰富村民的文化生活。他们以社工站为平台，每个周末在村活动广场举办青少年文娱活动，还成立了歌唱小组、舞蹈小组、话剧小组等活动小组来促进青少年身心健康发展。他们还举办了"快乐运动会"，让我有机会和村里的小伙伴们一起夹弹珠、运气球、猜谜语、跳绳等。当时我和伙伴们玩得不亦乐乎。我还记得当时自己还获得了跳绳组的第一名，社工姐姐还为我颁发了奖状和礼品，拿到奖状的那一刻我自己感到特别的开心和自豪。小伙伴们还羡慕我的礼品很漂亮。回到家我还得到了家人的称赞。现在那张奖状还贴在我家里的墙上，每每看到它，都觉得这段回忆特别美好。那时真的很开心。也是因为参加社工组织的活动，我才慢慢地提升了自己的自信心，之前内向、自卑、胆小的性格也慢慢变得开朗、自信起来，慢慢地我也愿意与人接触交流了。

此外，村里还成立了苗鼓队、苗歌队。苗鼓队分为成年苗鼓队和青少年苗鼓队。苗鼓队每周定期在村活动中心（中寨村社会工作站）开展练鼓、聚会等活动。当时我的叔叔是成年苗鼓队队长，我也很荣幸加入了青少年苗鼓队。每个周末晚上吃完饭，我们就在社工站打苗鼓。我当时学的是"八合拳"鼓和迎宾鼓，是我叔叔手把手教的，当时打苗鼓感觉心里很有劲，学习了一项新技能，还有很多的同伴一起学习，觉得每天都乐在其中。但一开始我打鼓的动作不是很到位，而成年人苗鼓队的阿姨们打得又有气势又整齐好看。看着这些榜样，我每天和同伴们学得都特别有劲头，同时也期望学好后也能在舞台上展示。自从村里成立了苗歌队、苗鼓队，村里总能听到震撼的鼓声和悠扬的苗歌声，村中的气氛逐渐活跃起来、热闹起来。通过打苗鼓、唱苗歌，村民们的脸上时常洋溢着幸福的笑容。同时，社工们还利用国家法定节假日开展大型社区活动，如在村中举办了"五一"联欢晚会、"六一"儿童联欢会、"七夕之夜"文艺晚会等大型社区活动，为村民和我们青少年搭建舞台，让村民在活动中表演苗歌、苗鼓等传统文化节目，同时也让青少年的我们表演了青春歌曲、街舞等现代流行节目，每次活动都会有几十人参与演出，非常热闹，吸引了大量的村民前来观看。通过这些活动，也让我更深入地了解了我们苗族的一些文化传统，让我对自己的家乡有了更多的认识，从而我更热爱我的家乡，也让我学习和传承了我们苗族的文化传统，让我更认同我的苗族身份。

同时，村里也创办了社区报、开通了社区广播。社区广播经常报道一些和村民息息相关的新闻、政策、知识、文化，有时候播报一些村委会的通知，这极大地方便了信息的传播。因为我家居住在河边，离学校的社工站很近，因此我当时还充当了广播员，每天晚上 6 点在广播室里播放半小时的新闻，有时候也会在广播里发布一些村委会的通知，把和村民息息相关的消息第一时间通知播报给村民们，让村民及时了解村里面的情况。记得有一次，村里来了一批农作物种子和秧苗，村支部书记和村里几个叔叔在卸车，然后叫我去广播室通知一下村民前来村委会领取。我当时接到这个任务，觉得很开心，马上去广播室，打开设备，对着话筒播报："大家请注意，大家请注意，接下来播报一则通知，村委会刚到了一批农作物种子和秧苗，请有需要的村民到村委会来领取……"过了几分钟，陆陆续续有村民来到村委会领取种子和秧苗。当时，我自己感觉当广播员特别的自豪，也觉得特别有趣，后来为了做好这件事，我还加强了自己的普通话练习，学习如何做一名广播员。通过广播这件事情，我还渐渐地增强了自己的语言表达能力和与村民的互动交流，促使我在生活中能够更好地提升自己与人的互动能力。

在长沙民政职业技术学院的师生为我们开展这些具有特色的农村社会工作活动中，我得到了改变，眼界大开，心情非常愉悦，他们的陪伴让我快乐成长，在他们潜移默化的影响中，我逐渐萌发了长大要从事社会工作、要当社工为村里服务的想法。2015 年 6 月高考后，我想报考长沙民政职业技术学院社会工作专业，但是家里人想让我报医护专业。面对非常纠结的专业选择，最后，我伯伯帮我选填了医护专业。我非常不开心，但他们都是大人，我也没有办法，只能妥协，后来我就一个人去深圳打暑假工。有一天上班时，我接到了我伯伯帮我选报的专业大学的电话，电话里老师问我："你被我们学校护理专业录取了，你确定来就读不？"不知道为什么，我收到通知后并不觉得开心，在深圳上班都没有心思。立即咨询了之前在我们村（湘西中寨村）驻村的社工学长张宏贤，最后我决定放弃该学校，选择征集志愿——长沙民政职业技术学院社会工作专业，并在学院史铁尔老师的帮助下顺利完成征集志愿填报，进入了梦寐以求的大学，开始了我的大学生活。也正因为如此，让我开启了属于自己的社工之路，开始了社会工作职业生涯。

我的社工学习生涯

高考结束录取结果还没有出来时，我带上了行李孤身来到了长沙，联系了之前的社工学姐、学长们，在他们的带领下我游览了长沙民政职业技术学院的校园。站在社会工作学院的门口，听着他们的介绍，我更加向往进入这里学习，更加坚定了自己的选择。等待录取结果的那段时间真是煎熬啊，终于，2015 年 9 月 8 日，我拿到了长沙民政职业技术学院的录取通知书。真是激动万分啊——我真的被梦寐以求的学校和专业录取了。2015 年 9 月 13 日，我怀揣着那份激动进入学校报到。透过校门上的"长沙民政职业技术学院"字样，映入眼帘的就是一条长长的走廊和马路，左边长廊上有很多商铺，卖着各种各样的小吃。马路上有很多新生拖着行李箱报到，还有举着学院牌子的学姐学长。我走在校园的路上感觉很热闹很新奇。来到学校的中央花坛，我看到了熟悉的钟涛老师，他之前也在我的家乡中寨带队实践过，还给我们开展过活动，再次看到他，我感到非常亲切。在钟涛老师的带领下，我很快来到报名点报到，然后听到学院的学长、学姐们都叫他钟书记。后来我才知道他当时是社会工作学院的书记，这让我更加珍惜这次学习的机会。

在上大学的 3 年里，我非常珍惜在校的时光。在学校里，我一方面积极适应校园环境、做好个人学习规划。通过参加班干部竞选、助理辅导员竞选，了解学校社团，根据自己的兴趣加入农村社会工作协会、铁哥实务组，不断锻炼、突破自己，提升自己的交际能力、沟通能力，充实自己的校内生活。在铁哥实务组，我被分到了老年社会工作领域，每个周末我会和我们小组成员去长沙市雨花区树木岭社区老年活动中心为社区的老奶奶们开展小组、社区等形式多样的服务活动。记得刚去老年活动中心的时候，到中心门口了，羽慧学姐就热情地和奶奶们打招呼，奶奶们也非常热情地迎接我们，我却有些生疏，不知道怎么和奶奶们交谈和拉近距离。这次活动，全靠羽慧学姐和沛沛学长手把手带我——先教我怎么和奶奶们建立关系，然后教我怎么开展服务。每个月，我们铁哥实务组还会开会，分享本月服务的内容、感受及遇到的困难等，我们的导师史铁尔老师还会帮我们分析，指导我们，让我们能够充分地把课堂里的理论知识带到社会服务中，充分地将实践和理论结合起来，不断地去增强自己的实务能力。经过一年的导师指导和学姐、学长的带领，我终于能够和树木岭社区的奶奶们交流自如，能够独立开展小组、社区等服务活动，自己的实务能力得到了很大的提升。最后在导师的信任和学姐、学长们的推荐下，我还当选了铁哥实务组的组长和农村社会工作协会的副会长。因为大家的信任，让我多了一份责任感，也多了一份团队感。在铁哥实务组里，我学会了尊重、接纳、分享、合作、交流等，我感觉自己在不断地成长。

另一方面，我积极参加社会实践、行业交流，提高个人的专业能力。在大学里，我们铁哥实务组和农村社会工作协会会有一些对外交流学习的机会，所以在实务组导师史铁尔老师和农村社会工作协会蒋国庆老师的推介和指导下，我在大学的节假日和课余时间会积极参加社区实践，在绿色潇湘、湖湘自然、P8研发中心做社会调研，参加社工机构"三区计划"项目，做项目管理、服务执行。还有在史铁尔老师的推介、支持下，我和实务组的龙情莲还报名参加了中国社会科学院"农禾之家"举行的北京"禾趣策划师"培训，去北京拓宽自己的视野，提高自己的专业技能。我现在还清楚地记得，为了去北京参加"禾趣策划师"培训，当时我们晚上8点多从长沙坐了十几个小时火车到北京，到北京的时候是第二天上午11点多，虽然有些困乏但当时心里一点都不觉得累，只觉得很开心，非常期待接下来的共学。之后我们和来自五湖四海的共学伙伴们在北京的一个村子里共学了5天，把"禾趣策划师"培训的自然教学、乡土教育、让孩子热爱乡村的内容全部学完并顺利结业后返回了湖南。当时真的收获满满，打开了实务思维，接受北京另一种教育服务的理念和方法，同时也非常期待能有一天回湖南自己的家乡把学习的东西真正地实践下来。所以在校 3 年里，我过得十分充实，收获了很多实务知识和学习机会，结识了非常优秀的指导老师和学长、学姐。同时在校期间，我还荣获优秀助理辅导员、优秀课程助教、校级优秀团员、优秀青年志愿者、百优志愿者的称号，代表长沙民政职业技术学院参加第九届中国社会工作大学生论坛暨第二届 MSW 研究生论坛，并在论文比赛中荣获三等奖，给自己的大学生活增添了浓墨重彩的一笔。除此之外，在史铁尔、蒋国庆、钟涛等学院老师的帮助下，我还加入了长沙仁与公益组织发展与研究中心驻点的古丈县社工项目服务点，去真正地服务自己的家乡，助力家乡的发展，为家乡尽自己的一份绵薄之力。

我的社工实务工作

我接触的第一个社工项目是"三区计划"项目。"三区计划"是民政部 2013 年启动的边远贫困地区、边疆民族地区和革命老区社会工作专业人才支持计划，至今仍在全国实施。在湖南，该计划落地之初，省民政厅就从资金保障、实施步骤、近远期目标等方面作出了全面部署。

我参与实习的"三区计划"项目点也正是在我的家乡古丈县。在这个项目中，我参加了"湘西·古丈县国际社工宣传周"活动，这场活动的策划得到了古丈县民政局的支持和指导，古丈县广场社区居委会给我们提供了物资和场地支持。在这场活动中，我第一次这么正式地跟自己家乡的人介绍"什么是社会工作"，第一次这么用心投入地去做好宣传活动。当天我们一共派发了 500 份社会工作宣传单，让"社会工作"

苗寨「禾」生：被社会工作照亮的人生

这个专业名称在古丈县迅速传开，我希望通过我们的活动宣传能够让古丈人民对社会工作有更深入的了解。除此之外，我们还成立了古丈城乡青年志愿者联盟，当天我们就招募了一批志愿者，他们都是古丈县的高中生和一些在外求学的大学生，还有一些古丈县本地的在职人士。我很荣幸地负责管理了这个联盟。成立这个联盟主要是希望大家能够加入我们的队伍，一起关爱城乡社区中需要关爱的老人和孩子们，平时多多陪伴和关爱他们，假期在专业社工的组织下，为他们开展活动。

之后，我活用在北京参加"禾趣策划师"培训的内容，根据自己家乡的人、文、地、产、景为家乡的孩子们策划了一份为期 7 天的儿童活动大纲。在长沙民政职业技术学院和机构督导的支持下，2016 年 7 月 11 日，我和长沙民政职业技术学院暑期来古丈县实践的学弟学妹们分成两队在中寨村、翁草村开展暑期儿童夏令营活动。当时我被分在中寨村驻点负责。我还记得在夏令营快要开营前一周，家乡遭遇了洪灾。这场洪灾在人员、房屋、农作物、基础设施等方面带来了不同程度的损坏。山体滑坡还造成了交通阻断，村庄断水、断电、断网，我们团队和外界失去了联系。为了和外界取得联系，作为唯一一个当地人的我，徒步在滑坡淤泥、落石堆满的道路上走了两个多小时，终于走到了有通信信号的默戎镇，与学院和机构督导取得联系，报了平安。之后我们团队调整工作计划，开展了慰问走访、灾情了解和灾后重建工作，积极地投入农村社会工作，发挥自己和团队的作用。

等到灾情稳定后，我们才按计划为孩子们举办夏令营。在农村的儿童大多数暑期见不到自己的父母，也没有上课外辅导班的机会，很多就困在大山深处，彼此独处。我希望通过举办"酷学酷玩儿童夏令营"，为孩子们的暑期增添快乐和趣味，减少他们的孤独感，就像当初社工们陪伴我一样，我现在去陪伴他们。尤其是在此次灾害后，我希望通过儿童夏令营活动，协同各界为孩子们营造一个安全、健康、快乐的成长环境。这次，古丈县妇联和吉首协和医院也加入了我们的活动。他们为孩子们带来了安全教育课程，提高孩子们的安全意识，希望孩子们能够愉快安全地度过暑期生活。

这次活动后，我正式加入了古丈县翁草村农村社工站，参与农村社区治理、村庄基础设施建设、生态养殖合作社帮扶以及村中"三留人员"服务等工作，帮项目团队链接资源，为村里链接"无线乡村"计划和"照亮乡村"计划，与村民们共同协作，一起拉线、建网、建路灯，解决村里无网和无路灯照明问题，使翁草村成为当时湘西州第一个 Wi-Fi 覆盖全村和路灯照亮全村的村庄。

"三区计划"的实习经历给我提供了真实的职业环境，让我能够用所学帮助家乡发展，使我体会到专业价值感和成就感。所以我希望毕业后能回到家乡做社工，把长沙民政职业技术学院师生们带来的这种专业精神继续接力传承下去。

反哺家乡

2018 年，我即将毕业，"回家乡做社工"的愿望依然坚定，但是，当时的家乡并没有社工岗位。幸运的是，5 月的一天，我在史铁尔老师的办公室第一次听到湖南要推行"禾计划"——在全省建立乡镇（街道）社工站。这个消息一下子让我看到了希望。怀揣职业梦想，6 月毕业后我放弃了去广州的发展机会，回到了家乡。当时放眼整个湘西州，具有专业背景的专职社工还寥寥无几。巧合的是，正是我实习的长沙仁与公益组织发展中心承接了古丈县社工站建设项目。熟悉的环境和团队，加上专业出身，作为当地稀缺的社工专业人才，我一回去便被赋予重任——担任县社工总站站长，负责全县 7 个乡镇社工站的管理和督导工作。2019 年初，古丈县所有社工站正式运营。

记得 2019 年刚建站那会儿，我们 20 个年轻的社工分别进驻到古丈县 7 个乡镇点中，团队当中，只有我和另外一个同事是专业出身。面对一边是对"个案工作""小组工作""优势视角"等工作手法、专业名词一无所知的站点成员，一边是社工站一年 70 个个案工作、28 个小组工作、20 场社区活动的基本工作任务……我干劲十足。大家每天在乡镇走访、入户，晚上再一起分享当天的工作和感受，然后手把手地教站点成员如何做好社区走访摸排工作，同时邀请史铁尔、蒋国庆等老师来现场开展培训，让站点得以顺利运营。

一次走访中，一名身材有些矮小、营养不良的男孩引起了我们的注意。在社工们发的"你最害怕什么"的问题卡片上，他写下"我最害怕奶奶打我"。我看到后，心瞬间揪了起来。通过聊天，得知孩子的父亲去世，母亲改嫁，他与 80 多岁的奶奶相依为命。由于男孩并不符合孤儿的认定条件，无法按政策享受相关救助，我和团队便四处寻访，先是为他们申请了政府临时救助金，之后又将他们纳入"大爱无疆"公益团队开展的"逆风飞翔·事实孤儿同行计划",为男孩家庭争取到一定的资助。

解决了经济困难后,我们又当起祖孙之间沟通的"连心桥",把男孩内心渴望关注、害怕被抛弃的真实想法告诉了男孩的奶奶。一次次的走访之后,男孩和奶奶脸上的笑容越来越多,生活也越过越好。

除了留守儿童,空巢老人也是我们关注的重点。在走访各个村寨的过程中,我和社工站成员们发现,80 多岁的龙爷爷独居已久,生活非常艰难。由于年事已高,龙爷爷干不了农活,连一日三餐都没办法自己准备,不懂使用智能手机的他也很少联络儿女。他每天的生活,就是搬一条板凳,从清早枯坐到晚上。

而像龙爷爷这样无人陪伴的空巢老人,在村里并不少见。

如何为他们的晚年增添一抹亮色?我找到了同样投身社工、心系家乡的"校友老乡"龙玲霜。策划将龙玲霜在长沙公益养老服务领域的资源链接到古丈县,第一个试点便设在中寨村。

听取村民意见、奔波筹措资金、协助注册备案……在当地政府部门和长沙民政职业技术学院的支持协助下,我们筹划的中寨村互助老年活动室正式成立。这对村里的老年人来说,真是一件大喜事。他们可以在活动室里享受免费午餐,和其他老人一起看看电视、拉拉家常,有时还能结伴外出参观博物馆。不仅龙爷爷成了这里的"常客",中寨村 200 余名 60 岁及以上的老人也深深受惠,活动室还吸引了不少外村干部前来观摩学习。

"乡村里的'一老一小'不仅需要物质上的资助，更需要精神上的陪伴。"我们发现通过零星地开展个案、小组、社区活动很难体现出社会工作的专业优势和专业影响，我们也深知仅靠站点 20 个社工的力量去做服务远远不够，必须扩大帮扶"朋友圈"。为此，我们设计出"禾趣计划"农村留守儿童关爱保护服务项目，将"自我教育、家庭教育、学校教育、社区教育"的系统教育思维植入项目中，同时依托古丈县在全县建设儿童之家的契机，将这个乡村儿童关爱和保护项目由刚开始在一个村试点，通过整合团县委的"七彩假期"、高校的"三下乡"、基金会、企业等资源，让"禾趣计划"覆盖到更多的村（居）留守儿童，项目也得到了各方好评。同时我们申报的团委"圆梦工程"——助力青少年阳光成长项目，获得县市级的"示范团队"称号。

项目成效和名气打出去后，我们项目点慢慢链接到了更多的资源，古丈县申报的全省基层治理创新实验区古丈县"五社联动"机制创新实验项目被湖南省民政厅选中。结合此次机会，我们社工站也积极参与探索"五社联动"机制，形成"一平台、双载体、三队伍"的基层治理新模式，进一步打造基层公共服务平台。

对我来说，在基层扎根的这 5 年里，一方面我不断提高了自己的专业技能，扎根基层服务，做好民生工作。刚回家乡工作时，我们的专业力量比较薄弱，一开始我们的 7 个乡镇站点，20 个社工人员中没有一名持证社工，包括我在内，所以在工作之余，我和团队规划考证。第一年通过助理社会工作师考试，拿证 3 年后，又努力通过中级社会工作师考试，不断地提高自己的专业学习和服务能力。另一方面是深入思考，打造特色品牌，提高社工服务质量。我发现在前期工作中通过零碎的个案、小组、社区工作的开展，很难体现出社工的专业价值和专业效果。所以后面我们以儿童为切入口，策划了"禾趣计划"农村留守儿童关爱保护服务项目，以村（社区）为平台，让更多的部门、学校、社会团体、企事业单位、基金会等资源进入，以点带面地去做服务推广，让我们的服务对象受益成长。

也是在这 5 年中，我还收获了学校、行业、领导、老师、前辈们的很多鼓励和支持，取得了一些成绩：2019 年 12 月被国务院副总理孙春兰接见，并汇报了我们乡镇社工站建设情况；2020 年 5 月获湘西州首批"优秀社工"称号；2020 年 12 月获湖南省首届慈善与社会工作影像大赛一等奖；2022 年 9 月被《中国社会工作》专题采访和报道；2022 年 9 月被选为湘西州第五届青年联合会委员；2023 年 2 月被湖南省民政厅评为湖南省"优秀社工"，2023 年 7 月被评为全国高校毕业生基层就业卓越奖获得者；等等。

总之，从童年到现在，社会工作一直陪伴着我，我敬它爱它，感谢它所赠予我的一切，它让我学会了用心去爱、去助人自助、去服务家乡；它让我在公益的路上快乐成长，并结识了优秀的导师，认识了一群公益朋友。对我来说，社会工作成为照进我生命里的一道光，曾经是留守儿童的我受益于社工，长大后成为社工的我想继续把这道光照亮更多的人，像乌鸦反哺那样，去爱这个社会，尽自己的努力去做一件件让世界能变得更美好的事情。

追梦之旅，逐光而行

卞　群[①]

　　我们有时候会一起吐槽，这么辛苦，工资还低，究竟值不值得。但无一例外，只要说起服务对象，我们脸上又洋溢出骄傲和开心：谁谁谁又进步了耶；谁谁谁，终于跟妈妈联系上了，高兴得一晚上没睡觉；谁谁谁，默默地给我写了一封信……这些成了我们坚持下去的动力。我们认为，只要社工能解决服务对象的困难、能回应社会问题，终有一天我们社工的价值会被看到、被认可、被肯定。

专业选择，种下梦想

　　你年少时有过梦想吗？我有，但不是做社工。高中时给自己树立的梦想是做一名记者。

　　那是高三的某一个周末，我和好友一起在县城闲逛，不知怎的就买了一份报纸看，里面有一篇社会纪实新闻，内容大概是一名记者通过长久而深入的调查揭露了某件事情的真相，最终维护了老百姓的权益。文章写得荡气回肠，我看得热血沸

---

　　①　卞群，女，中共预备党员，高级社工师，现为湖南省常德市恒德社会工作服务中心理事长、总干事，常德市社会工作协会执行会长。

腾，忽然间我仿佛找到了理想。我对好友说，我知道我以后想干什么了。虽然高考没发挥好，但我还是决定去上大学。填志愿时在第一专业我毫不犹豫地选择了新闻。填表时看到第二志愿栏空着，我扫了一眼桌前的高考志愿报考资料，看到了"社会工作"4个字，虽然不晓得这是个什么专业，但从字面上看感觉差不多合自己的心意，就再在第二志愿栏填了"社会工作"。没想到这个无意之中的备选，竟然成了我的主业。到大学后我了解到，系里的70多名同学都是调剂过来的，只有我是自己亲手选了这个专业，虽然不是第一志愿专业。虽然都不是主动的，但缘分就是这么奇妙，在校的4年学习时光，我们社工班大家庭温暖而美好，留下了很多深刻有趣的记忆。

2004年9月，我独自一人"背井离乡"来到安徽师范大学历史与社会学院就读社会工作专业。这个专业在我们学校2003年是首届，我们是第二届。社工班一开始有80人，后来有10人转专业走了。我们脑袋中最多的问号就是"社工是干什么的"。2003级的学长、学姐们其实也并没有很明白，但还是努力地跟我们讲他们对社工的理解；我们的老师大多数是历史学系转过来的。我们学校历史系历史悠久，是学校的品牌专业，老师们也都知识渊博，但讲授社会工作专业让人印象深刻的是几位年轻的教师。有一位老师叫华智亚，瘦瘦弱弱的，戴着眼镜，从北京师范大学社会学专业博士毕业回安徽的，后来他去了上海。我们很喜欢听他讲社会学，讲他的研究，比如"乡村赤脚医生现状调查"，像听故事一样，每次上课看他站着讲得久了，我们都会贴心地给他搬一把椅子，请他坐下，怕他体力不支晕倒。我们还喜欢听赵怀娟、柴文杰等老师讲他们去澳门特区和香港特区考察时的所见所闻。这些所见所闻帮我们打开了一个闻所未闻的新世界。这些老师每次讲起来都是两眼放光，感觉不仅是我们在学习，而是他们带着我们一起探索。其中一位老师叫张金俊，黑黑瘦瘦的，笑起来一脸真诚，没有一点老师的架子，经常"混"在我们学生中，不知道的还以为是个油腻的学长。他看起来似乎并不善言辞，却经常找我们聊天。他给我们上课的方式很特别，很少在讲台上讲课，更多的是把我们带到实验楼的一个看起来既漂亮又温馨的教室，聊天、玩游戏、讨论、搞活动，十分有趣（后来我们知道那是我们学校的个案工作室，也是小组工作室、活动室等）。现在想起来，张老师是一位比较前卫的老师，在2004年的时候就开创性地建立了社会工作实验室，把我们对社会工作的想象具象化。还有一次，院长请了风笑天教授来开讲座，我们像看明星一样蜂拥而至，疯狂鼓掌。其实那时候的我们不太知道风笑天教授是谁，只听老师说风教授很厉害，而且现场看着确实风度翩翩，玉树临风，直到后来看到他的教材《社会研究方法》，才知道是业内大咖。系里还组织我们分组去附近的县里搞社会调查，设计问卷、做访谈、写报告。记得第一次入户之前，我们模拟了很多遍，才敢开口找人访谈。内容专不专业不重要，重要的是在此过程中，我们历练了胆量，尝试了与人沟通，也完整地进行了一次社会调查实践。4年的系统学习给予我很大的收获，社工的理念和价值观在潜移默化中影响了我，在我心里种下了一颗社会工作的种子。

工作转折，确认梦想

2008 年，我们毕业了，当时的我却找不到一份社会工作专业对口的工作。学校所在地安徽没有社工岗位，我的老家湖南也没有。除了我们班同学和老师，当时我身边其他人几乎都没听说过社会工作，全系 70 名毕业生没有一个从事社会工作的，大家或考研，或考公务员、教师，或去企业做人力资源等工作（即使到今天，据我所知，我们班也只有包括我在内的 2 人从事社会工作）。老师告诉我们，沿海有社工岗位，可以去深圳、上海试试。我上网找到了一个叫"青翼社工"的网站，搜索发现只有一家机构有招聘信息——深圳市鹏星社工服务社。它是深圳市成立的首家社工机构。我拨通了该机构的电话，电话那头工作人员很温柔地告诉我没有岗位了。这一信息瞬间浇灭了我刚燃起的社会工作小火苗。于是，迷茫的我在亲戚的联系下回到了老家湖南常德，在常德一家报社实习。

说实话，当时我是很乐意的。我想起了高中时的那股热血，我的梦想不就是当一名记者吗？接下来的两年半时间里，我在曾经"一见钟情"的新闻行业里摸索，却发现自己并不了解新闻媒体这个行业，而且自己性格也不适合这个职业：一是熬夜两班倒，随叫随到的工作状态，让我身心俱疲；二是我发现我当时的岗位并不是会写稿子那么简单，中间掺杂着很多利益关系，还需要拉广告。理想很丰满，现实很骨感，作为刚毕业的"小白"，我碰壁了。痛苦、失眠、纠结之后感觉每天都浑浑噩噩的。我经常一个人待在租住的小房间里发呆、思考，思考自己想要什么。没想出所以然来，那就学习吧，学点自己感兴趣的，也许学习能带给我思路。其间，我参加了全国社会工作者职业资格考试，考了初级社工师证书，参加了心理咨询师考前培训班，考了心理咨询师证书，还试着考了一次研，考中南大学的心理学硕士（该校湘雅医院的心理学适合有医学背景的人考，我吃了文科生的亏，数学那一关没过）。现在想来，当年如果选考社会工作专业硕士的话，大概率能上，因为那一年考研，我英语、政治和科目一理论分数都较高。在学习上我很舍得投入，记得那时的我省吃俭用，把工资的一大半都用来买书、上培训班。有一段时间我常常工作日上班，一到周末，早上6点，天不亮从常德市搭3个小时的班车赶去长沙上课，晚上到深夜了才回，用"披星戴月"形容一点也不为过，碰上单位要周末值班更要命，凌晨一两点才睡，早上5点多起床，很多次在班车上睡着了。虽然很辛苦也不被人理解，但那段奋斗的日子我却很开心。汲取知识能使人快乐，那时候的我对微观社会工作（包含心理咨询）产生了浓厚的兴趣。真是应了那句话：做自己喜欢的事，再辛苦也感到值得。

2010年，让我最终下定决心辞职离开的，是一件小事，这件事让我明白了在价值观上我跟当时的岗位是不合的。起因是一个农村的乡亲辗转电话联系到我，想求我帮他在媒体上发一篇稿子。他的大女儿生了重病，他举全家之力救治，依然是杯水车薪，想通过媒体寻求社会的关注和帮助。在那个年代，没有现在这么发达的新媒体和网络，没有像"水滴筹"这样的大病救助的筹款平台，很多人能想到的就是通过传统媒体来发宣传报道以期获得一些捐款捐物。限于自己的岗位局限，我找了一个相熟的记者和编辑，问她们能不能发这篇稿子，她们反问我："有什么特别的故事、特别的新闻点吗？"我蒙了，转头去问那位乡亲，他支支吾吾地告诉我，这个大女儿并不是他亲生的，是妻子当年未婚先孕后带过来的，结婚时他就知道，这么多年夫妻俩一直瞒着女儿，也觉得没必要告诉她，因为他一直都当她是亲生的抚养，感情深厚。这位老父亲说着说着就哭了，要不是我硬要问有什么特别的故事，要不是女儿现在重病在床，他绝不会说出这回事。我慌了神，没想到会是这样。我问他，如果我们发了这篇稿子，她女儿和大家不都知道这个事了吗？这对他女儿会不会有什么影响？毕竟这么多年她从不知道自己不是亲生的……他说，一定要写这个事吗？我沉默了。在我当时的认知里，从新闻的角度，要挖掘故事，要有不一样的新闻点，否则生病的人那么多，为什么要帮助他？这一点从后来记者的回复里也是有明确表示的。那位父亲没有再联系我，我也没有再打扰他。再后来，听说他的女儿很快就病故了，主要是得了当时花再多钱也治不好的一种病。即使我一再安慰自己，心里也始终内疚。那位在花样年华就逝去的姐姐，我也认识，那位老父亲的无助哽咽，深深印在我的脑海里。我没有帮到他，不仅是在金钱上，还有情感的理解和情绪的支持，我都没做到。

在报社我没有找到价值感，我觉得自己就是一个做文字工作的机器，到点上班，到点下班，没有感情，没有意义，也就是说，我始终没有融入新闻行业。想要辞职的想法与日俱增。但我可以做什么呢？心理咨询？我也认识一些做心理咨询的，说实话，鱼龙混杂，良莠不齐，我觉得把心理咨询当职业不太靠谱，除非科班出身去医院就业。我想起了我的专业社会工作。我可不可以去做社工？那时我哥哥在深圳工作了3年，他告诉我，深圳这样的城市有无限可能，鼓励我到深圳闯一闯。帮助我来报社工作的亲戚一直很不理解：20多岁的姑娘，平常不怎么跟单位的同事社交，别人介绍对象也不去相亲，除了在单位上班，就是关在屋子里，还经常电话关机联系不上（去长沙上课了）。这亲戚曾一度认为我是不是出问题了，向我家人反映情况。我父母也认为我不懂事，现在竟然还要放弃一份比较稳定的工作，去做一个从来没听说过的工作！我考虑了很久，最终，2010年10月，我鼓起勇气找报社的领导，辞职。当梦想照进现实，梦想是可以调整的。我给自己重新确立了目标，我要去外面的世界看看，我要当社工。

深圳历练，实践梦想

2011年过完春节，我坚定地来到了深圳。3年时间深圳发生了很大的变化，跟2008年一岗难求不同的是，这时候的深圳有多家社会服务机构在招聘社工。我一口气投了5家，去参加了3家的面试，还有两家面试邀请我礼貌地谢绝了。在3家中我选择了一个专门做青少年社工和学校社工岗位的机构——深圳希望社工服务中心。我充满了自信，感觉到了一个崭新的世界，这里有很多志同道合的朋友，我不再感到孤独。做社工的人善良又可爱，像是一个温暖的大家庭，我仿佛回到了大学时光，一切都是那么的亲切。很快，我就被机构理事长张女士带到了市教育局，然后转交给了一个笑眯眯的姓谢的老师，让我跟他去学校做社工。我懵懵懂懂地坐上谢老师的车，一开始还好，欣赏着路边繁华的都市景象，后面越走越不对劲，越走越荒凉，泥泞的土路周围黄沙满地，乱石堆积。恍然间我有一种"被卖了"的感觉，心里忐忑不安。当经过大约两小时的车程，终于到达坐落在龙华区观澜镇大水坑社区的深圳市第二外国语学校时，我简直不敢相信，我这是在深圳吗？这是深圳市新建的重点高中？那时的第二外国语学校，刚建了几栋楼，连校门都还没有。我悬着的心是落下来了，但落差很大。这里的老师们都相互调侃："又来一个，来坑里了，欢迎来到大水坑！"谢老师很快带我见了衰校长，见了各位老师，并把我分派到了学生处办公室，还给了我一间教师宿舍和一张食堂卡。此时我才知道，我得住在学校工作。校方虽然当时不知道社工能发挥什么作用，但是很照顾我，按照教师的福利待遇安顿我。但很快，一年之间，学校就建得焕然一新，观澜街道也发展成繁华一片。这大概就是深圳速度吧。

在深圳希望社工服务中心驻深圳第二外国语学校的社工岗位上，我度过了忙碌而充实的两年，有欢笑也有泪水，有感动也有辛酸。这是一个迅速积累知识和经验的时期，帮我打开了社工的大门。我遇到了帮助我的人，支持我的人，陪伴我的人，还有考验我的人。首先得讲讲我的工作模式。我在机构所属的学校社工 D 部一共（都是驻点中学，还有一所高职院校）8 个人。我们分别在不同的学校工作，每周五回机构总部相聚学习、整理档案资料。还有我们组的特派督导谭文兴先生（我们喊他 Osir），每周从香港过来辅导我们，教我们怎么做社工，他知识渊博，被我们称为"行走的百科全书"（深圳社工发展初期的那几年，深圳市政府出资聘请了一批香港资深社工来督导深圳的社工）。最开心的是周五的相聚时光，我们可以从繁重的工作中解放出来，一起学习、交流、吐槽、安慰、支持、陪伴。每经过一个周五，我们像充了电一样，能量满满。我们还会轮流到各自的学校开展大型活动，相互学习，相互支援，发挥团队作用。督导谭先生是我社工路上的第一位实务老师，也是我的引路人，他教给了我很多实务知识、技能和方法，培养我的社工素养和精神，虽然我也经常怼他（遇到不同的意见进行辩驳），还被他称为"小辣椒"，但让我把仅有的一点理论知识能够迅速地运用于实践并在学校打开局面的，是谭先生的专业和用心。除了集体督导，我常常给他发邮件、打电话或者 QQ 留言交流讨论工作中的困惑和难点，他也经常给我们发资料、送书，来校督导时还会现场示范如何开展服务，真的是"有求必应"。我们当时的工作任务很重，我记得每年我至少得做 20 个重点个案，50 ~ 100 个咨询，4 ~ 6 个小组，然后几十场学校活动，还不算各种沟通协调和学校给社工安排的其他工作。那段时间的勤奋和努力，也给我打下了基础。我们组后来出了 3 名高级社工师，2 名机构负责人……现在大都成了各自所在地区或领域的社工翘楚。

　　我在学校做社工的那段时间，跟当时其他学校社工乃至很多到其他单位驻点做服务的社工一样，都会有一个很尴尬的处境——社工是干什么的。社工是哪个单位的人？教育局，学校，还是机构？在学校老师眼中，我是教育局派下来的；在学生心中，我就是学校的老师。无论对谁，我统一说我是深圳市希望社工服务中心的社工，但人们还是搞不懂。因此，我们花了很多时间和精力去探讨，我们该如何介绍我们的身份和工作。还有让我们社工经常感到委屈的现象——"夹心饼"。有一次，学校的谢老师让我给学校再写一篇宣传稿。在此之前因为我曾在报社工作的经历，谢老师已经让我写了好几次稿子，有一篇是作为整版刊发，校长非常满意，对我赞赏有加。但那次谢老师找我时，我正好要赶一些社工任务指标。我就回绝了，谢老师非常生气，很严厉地批评我。我也生气了，跟他顶了几句，大概说我只是一名社工，又不是学校的老师之类的话，然后我就趴在桌子上哭了。我还记得最后夜深了，我一边哭一边写稿子的情景。真的有种"人在屋檐下，不得不低头"的委屈。后来衷校长把我叫到他办公室谈话，他问我工资多少，我说不多，一个月 4000 元，他说那你到我们学校来吧，来做教师，比这工资高，待遇好，并让我好好考虑一下。后来我没找衷校长，也没有给任何回复。谢老师也没再来找我写稿子交代工作。再后来我辞职离开了这所学校。我哥哥听说了，把我训了一顿，说这么好的机会我都没抓住，他是一直希望我能在深圳当教师的。这样的学校给我抛来了橄榄枝，我竟然拒绝了。当时我真的没有当老师的想法，而且让我辞职不干社工，兴头正盛、刚刚开始社工生涯的我也难以接受啊。当然，我如果知道几年之后我会在社工路上碰得头破血流难以为继，我也许会欣然选择留在学校吧。但这世界没有如果。

这两年也有很多的欢乐时光和感动，中间有很多的小故事，第一次家访、第一次进班级讲座、我培养的学校第一支志愿者服务队、第一次举办全校大型活动、第一次国旗下的社工讲话，无数个夜晚在我的社工小屋里和个案对象促膝长谈……孩子们亲切地叫我"社工老师""社工姐姐"，我的"铁粉团子们"经常课余来找我聊天，开开玩笑，打打闹闹……我想，我是他们在这所学校里的一个特别的"好朋友"。与其说我陪伴了他们，不如说他们陪伴了我，一起成长。离开学校的时候，我的行李箱上贴满了信纸，还放满了孩子们送的礼物，我是哭着离开的——感动和欣慰的哭。我感到我工作的价值和意义。后来有几个孩子考大学了、毕业工作了，都还会给我发消息。我想，在那两年的时光里，一定在某个时刻，我的工作点亮了一些孩子的心灯，让他们怀念至今。

2013 年初，我结婚了。老公和我是高中同学，我们大学开始谈恋爱，2011 年他从长沙硕士毕业之后也来到深圳。婚后我们俩都准备好好在深圳工作为生活奋斗。2013 年 2 月，经过深圳市鹏星社会工作服务社（以下简称鹏星）的面试，我到龙岗区南湾街道沙湾社区做社区服务中心项目主任，带一个 6 人的社工小团队。缘分就是这么奇妙，当我想从学校岗位出来，尝试我认为更有挑战性的社区工作时，就看到了鹏星的招聘。还记得 2008 年大学毕业之前，我给鹏星打过电话。2012 年下半年开始深圳市由点及面引入社会工作服务全面建设社区服务中心（现在叫党群服务中心），2012 年底鹏星中标了深圳市龙岗区南湾街道的社区服务中心项目，我应聘成了其中的一名项目主任。鹏星是深圳最早成立的社工机构，有一批深圳最早的社工，他们很多都成了机构的业务骨干，机构负责人是深圳大学的易松国教授。鹏星给我留下了很好的印象。虽然深圳的诸多社工机构如雨后春笋一般纷纷成立，鹏星作为老牌机构并不是规模最大的，也不是发展最好的，但我认为它是最有专业情怀的一家社工机构。直到现在我手机里还保留着"温暖鹏星·不忘初心"的微信群，里面还有三四百名曾经的和现在的鹏星社工人。在鹏星近 3 年的工作经历，让我从一个初出茅庐的社工成长为一个较为成熟的项目主任和助理督导，让我学会如何带领和管理社工团队，如何在社区复杂的环境中很好地嵌入和拓展服务。机构的督导綦峥峥、程丹给予我很大的帮助，行政主任彭红芳女士给予我很大的鼓励，易松国老师虽然接触不多，但他的几次讲话和授课让我受益匪浅。在鹏星的第一年也就是 2013 年，我印象最深的是当我们 6 人团队组建完毕——除了我，有 4 人都是刚大学毕业还在实习期的新手社工。我们都是外地人，只有一名社工助理是本地社区的，但也很年轻——我们几个"愣头青"就被"哐当"一下空降到沙湾社区。到了社区，我们傻眼了，连个工作场地都没有。作为"头领"，我不能慌，赶紧找社区沟通协调，在社区工作站的服务前台临时调来两张桌子办公。在这个临时办公场地，我们工作了两三个月，其间除了迅速投入社区调研开展一些初步工作，我们还干了一件"大事"——从选址到设计到装修再到买家具置办办公物品，一整层 200 多平方米的社区服务中心建成了，并实现了"拎包入住"（此处很想来一张当时的成品图，真的很漂亮）。当然，在这个过程中，社区工作站全程协助支持我们，并负责全部费用（上面有专项拨款）。社区服务中心所选地原是一个图书馆，装修前，几万册的图书需要我们清理。还记得我们几个在那里清理图书就清了两个星期，每天昏天暗地地收拾，天天灰头土脸的，一个个漂亮的妹子都变成了"小花猫"，白净男生变成了"小黑脸"。我们团队十分富有"创业精神"，拿出了"给自己家装修"的劲头，不仅在一众社区中最先建成服务中心，还迅速地在当地打开了局面，跟社区工作站建立了良好的关系，和社区居民特别是和一群社区骨干打成一片，很快融入了社区，并卓有成效地开展了服务，到年底，因为表现出色我们团队还获得了街道和机构的嘉奖。以前，我只需要做好一名社工就可以，但在这里，我得转换角色，学会如何带领团队管理好一个项目。这3年还让我懂得，做社工不仅要做好业务，还要学会做人和处理关系——相关利益方的关系、同事的关系，以及与自己的关系。

处理好自己的关系很重要。我的家庭关系曾出现问题最终影响了工作，让我的社工生涯出现转折。2014年，我生下了儿子，并休了半年的产假。2015年复工后，我一门心思扑在工作上，准备继续努力考取初级督导（已经做了两年助理督导），但这时候家里却鸡飞狗跳、一地鸡毛。我没有处理好家庭矛盾和自己的情绪，伤心之下决定停一停工作，照顾好孩子，回老家静一静。2015年9月，我交了辞职报告，离开了深圳。我十分感谢蔡峥峥督导，当时给了我莫大的安慰、理解和支持，并尊重我的决定。作为一名经常对别人共情的社工，第一次感受到，人在碰到困难的时候，能够被别人共情和理解是多么的温暖和珍贵。

转场常德，追逐梦想

我回到了湖南常德安乡县，我的家乡。经过一段时间的休息，2015 年 11 月中旬，我来到常德市，见到了在年初时就加我为好友的一位姐姐，我们之前在线上聊了很多关于社会工作的话题。这时候我才知道，她是常德市民政局的一位领导——沈调，分管社会工作。在常德市民政局的支持下，沈调已经于2015 年初成立了常德市首家社工机构——常德市恒德社会工作服务中心（以下简称恒德社工），并陆续召回了几名在外工作的常德籍社工，我也是她当时想召回的社工之一。奇妙的缘分又产生了，年初我并没有回常德的想法，没想到不到一年，我就因为家庭原因回到常德，也没想到，这成为我社工之路的重要转折。

常德市要发展社会工作，正是起步阶段，亟须专业人才。常德市民政局首先扶持成立一家本土机构，然后组建一支专业团队，同时在常德市救助管理站设立了常德市首个政府购买社工服务项目——常德市困境未成年人社会保护项目。这也是恒德社工的第一个项目。我和沈调谈了很久，她是一位特别好的人，在恒德社会工作服务中心成立和发展前期，发挥了很大的作用，也给了我很多的指引。她带我到项目点去考察，见到了几名已经回来的社工小伙伴。我经过慎重考虑，决定留下来试一试。毕竟，这是我的家乡，我曾经生活工作过的地方，一切都是熟悉的。重要的是主管部门支持力度大，加上做青少年儿童服务项目我有经验，带团队我也有一些经验。留在常德，我还可以照顾好家庭，孩子需要一个稳定的生活环境，父母慢慢年纪大了我也可以照顾到。就这样，回到湖南常德，我开启了全新的社工之路。如果说在深圳的经历和努力都是历练和积累，那么在常德做社工，就是我把社工当成了我实践梦想的事业。

一切从零开始，用我家乡的话来说就是"开毛荒"。恒德社工就是常德社会工作服务"开毛荒"的第一支队伍。我们团队有7个人，1人负责财务和行政，5人有社会工作专业学历背景，其中4人包括我是从深圳、广州回来的，算是有些经验的社工。另外，我们大家都很年轻，有情怀、有干劲，资质基础我觉得是很不错的。感谢领导的信任，让我来当恒德社工的负责人，30岁的我是团队里社工年龄最长的。但我们面对的是完全不同的工作环境——政策制度上空白，实践路径上空白，社会上还无人知晓社会工作。但越是空白，越是激发了我的斗志，我就不信，我们有好的团队，还做不好这个项目！就从做好这第一个项目开始，建制度、立流程、树目标、明职责、拓服务。我再次拿出了创业的精神，调整团队、凝聚人心，努力探索常德社会工作发展之路。

实际困难比想象中多得多。首先是服务上，虽说我们几人有在外地发达地区的工作经验，我们都是常德籍，在常德工作起来，完全不是一回事。我们的服务对象是常德市城区的困境儿童和周边乡镇的留守儿童，农村服务对象比较多，他们居住得很分散。从2015年底至2016年，我们跑遍了常德市城区和周边乡镇的100多个社区和村，一年完成了500多个服务对象的摸底、调查评估和跟踪服务，还重点跟进50个个案，设计组织的小组活动数不胜数……穿着绿衣服走街串巷的几个年轻人，常常引来别人的好奇，但其中的辛苦只有我们自己知道。在乡村，交通不方便，我们常常租摩的（摩托车）或者村民送货的三轮车，两人一组背着包、打着伞、带着干粮，一跑跑一天，逐个社区联系打招呼，一户户叩响服务对象的家门。带干粮这个事一点不夸张，我们的社工多数情况下带的是泡面，因为村里吃饭不方便。有一次我到一户村民家的茶馆里（打牌的茶馆）买到了两碗米粉，很是高兴，觉得那一天运气真好。最怕冬天和夏天，冬天坐在摩的上飞驰，头发被寒风吹得竖起，脸冻得僵硬；夏天晒得黢黑，抹再多防晒霜都没用。还记得2017年的5—6月，我们几个人要集中完成约300名留守儿童的入户摸底调查，在河洑镇、丹洲乡、芦荻山乡之间穿梭，我们好几次差点中暑。现在想想都心疼。

"依然记得，冒着酷暑严寒，我们社工一户户走访时的那些乡间小路，当看着一位老爷爷从家里老旧的电视柜里拿出一张社工名片，告诉我他记得我们时内心的那种触动；依然记得，一个父亲服刑不知母亲是谁的男孩在社工的帮助下从沅陵找到了母亲，从此脸上洋溢着'我有妈妈了'的幸福笑容和向我们'炫耀'妈妈买的电话手表时的骄傲；依然记得，一个被吸毒妈妈虐待的小男孩被我们社工保护起来，通过联动部门进行维权，在法院最终判决撤销其母亲监护权的场景。如今，那个我们接案时才3岁的孩子，已经12岁了，他住到了福利院，我们继续为他开展社工服务，给他持续的照顾。他现在与其他孩子一样，能健康、快乐地生活、学习。"

做服务不是最难的，碰到任何困难我们都可以想办法去克服。对我来说，最难的是"心累"。这个心累有两层意思。一是政策制度环境不匹配，行政话语和社工话语不同，带给我非常大的困扰。在深圳，我只是一个社工和项目主任，不需要考虑其他的问题，上层设计都安排好了，我只需要把服务做得专业、做出成效就好，沟通协调也仅限于与项目有关的协调。但在常德，我承担的是机构负责人的角色，在没有行业积累的背景下，我实际上是代表社会工作这个职业与当地的行政体系进行对话。我常常要在这两种不同的思维和话语体系中去寻找共同点和平衡点。这个过程相当痛苦。但我必须尽最大努力争取购买服务方、业务主管方和合作的单位对社会工作的理解，然后还要给社工做思想工作，让社工能够接受在现有环境条件下对服务的方式和服务的专业性进行一些灵活的处理。二是项目的不稳定和社工的流失。目前有个还在恒德社工骨干群里流传的"散伙饭"故事。2019年以前，每次快到年底，项目要结项了，而下一年度还没有着落，经费难以为继，我们就时刻准备散伙，所以每一次团队的年饭，吃得都像散伙饭。每次过年我都没安心过，我是负责人，大家的饭碗我得紧紧盯着，争取不断炊。好在每次经过不断的努力，我们的项目都顺利延续下来。但这种煎熬，还是熬走了几位优秀的社工。我们最初的6名社工有两人考了公务员，有一人去了外地。不仅是项目不稳定，还有待遇低的问题。我自己也差点熬走了。由于我和老公分居两地，他在深圳我在常德，出于家庭稳定的考虑，有一回，工作上我感到实在坚持不下去了，就准备辞职去深圳继续做社工，后来沈调和救助站的领导给我打电话，劝我留了下来。这些问题，应该在社工界特别是在中小城市的社工界普遍存在。

2017年，湖南省民政厅选择一些市（州区县）和一些社工机构执行"三区计划"，很荣幸，我们机构接到了这个项目，一做就是3年。2018年7月，常德市市长曹立军调研救助站时了解了我们的工作内容和工资，之后批了常德市第一个社工政策文件《常德市社会工作专业人才薪酬待遇指导标准》（常民发〔2018〕34号）。感谢省民政厅和曹市长，在我们快要"散伙"的时候给了我们信心，保留了火种。从2018年底到2019年，湖南社工因为"禾计划"乡镇（街道）社工站的全面铺开，迎来了一个春天，我们机构也得到了一波发展，接了好几个社工站项目。之后，随着恒德社工的影响力不断提升，我们又陆续拓展了社会组织孵化培育、青少年犯罪预防、涉案未成年人社会调查、残障儿童社会融合等领域的项目和服务。我们的社工队伍也迅速发展到了70多人。终于，在那几年，我们不用时刻为饭碗不保而发愁，我们的社工伙伴也可以有更多的平台和机会来发展自己的专业特长。在此，特别感谢那些年来省民政厅社工处的姜波处长和张盈盈科长对我们的支持，特别感谢湖南社工界的老师们，史铁尔老师、刘战旗老师、侯国凤老师……一直关心着我们社工，帮助我们成长，鼓励我们坚持走到现在。

追光十年，让梦想发光

这些年我最开心的事，不是我个人获得"湖南十大社工人物"称号、"全省先进社会工作者"，也不是恒德社工获得湖南省示范社会组织、全省优秀民办社工机构、5A级社会组织等荣誉，获得这些荣誉我很开心，这都是我们坚持不懈努力奋斗而来，我们很珍惜。但我更开心的是，听到一名社工说去找一些单位部门合作或者链接社会资源时，亮出我们恒德社工的身份，竟然非常好使，效果杠杠的。我去调研时偶然听到一

追梦之旅，逐光而行

个社区干部说，恒德社工呀，接触过，靠谱！这份信任和评价，让我更有成就感，让我倍加珍惜。

机构得到了发展，我个人也从一名社工成长为一名机构负责人，现在又在摸索着如何当一名合格的协会负责人。2021年，有两件事对我来说非常的重要：一是常德市成立了社会工作协会，我被推选为常德市社会工作协会执行会长；二是我评上了高级社工师。这两个新的身份，让我又步入了新的阶段，站在了新的风口。我感到使命在肩，沉甸甸的，任重而道远。

现在我们的行业正在转型。现在的我，依然还在社工路上面临考验。无论如何变化，我的梦想不会改变。我的梦想是希望在常德能有更多的人知道社工、肯定社工、赞扬社工；做社工的人越来越多，社工的地位越来越高，生活越来越好！希望社会工作真正成为一种职业。希望有一天，有人能来给我们过社工节！

心怀武侠梦，勇闯社工路

颜丽平[①]

　　很高兴自己能够不负初心和感动，不负良师益友的陪伴和指导，将社会工作的信念和精神内化于心、外化于行，将社会工作的服务方法学以致用，为有需要的人提供力所能及的协助，为自己热爱的事业坚守和奋斗。

　　"每一个生命都有价值"，那就让我们多去看到他人生命的价值，也发挥自己生命的潜能，保有我心，并修炼常怀"一蓑烟雨任平生"的豁达。

　　"侠之大者，为国为民。" "90后"的我们也是看武侠剧成长的一代人。记得小学时，电视里面经常播放金庸先生的武侠剧，那些充满侠骨柔情的大侠给我们留下了深刻的印象，武侠梦的种子因此埋在了我的心间。我也不免时常会角色代入一下：要是自己能成为武功高超、劫富济贫、路见不平拔刀相助的侠义之士该有多好呀。

---

　　① 颜丽平，女，中级社工师，曾任职长沙市社会工作协会，现就职于长沙某养老院做一线社工。曾获第四届林护杰出社会工作实习项目奖，湖南省优秀社工。

高考抉择·结缘社工

转眼 10 多年过去了，我这朵当年的"祖国的花朵"经历 9 年义务教育和 3 年高中学习后，来到了高考的关卡。2013 年 4 月，高考前夕，在学校发的一本叫《高考》的书里，我第一次看到了"社会工作"这几个字，知道高校还有社会工作这个专业和职业。书中说社会工作是一个大爱无疆、助人自助的专业；是一个专业助人的职业，工作就是帮助困境中的老年人、残疾人、妇女儿童等去解决他们的困难，改善他们的境遇。

看完介绍我就觉得这个专业很新奇，献爱心去帮助别人还能有工资，助人和工作两不误，多好！书上也介绍了开设此专业的院校，比如长沙民政职业技术学院就是湖南开设社会工作专业最早的院校。此时，我并没有意识到自己之后的人生会跟社会工作结下不解之缘。

高考成绩出来后，充满感性思维的我，数学失分过多，离当年的二本线差了几分，不知道该如何填报志愿的时候，社会工作的"大爱无疆、助人自助"这 8 个字不自觉地浮现在脑海里。在高中老师和家人都不太了解社会工作专业及其未来就业去向的情况下，18 岁的我坚定而勇敢地选择了社会工作专业，将长沙民政职业技术学院社会工作专业认真又慎重地填在了第一志愿栏里。

选择社会工作专业其实有几个理由。首先，初中时，我家里发生了一些变故，在我觉得人生很难、生活很痛的时候我被温暖、陪伴和帮助过。敬爱的老师和亲爱的同学们在物质和心理上都给予了我极大帮助，学校也为我提供了助学金等。记忆尤深的是许老师、周老师、丁老师在这个阶段给了我很多的关怀，给我"下雨"的心撑起了一把叫作"师生情"的大伞。那段时间我的情绪挺不好，不爱讲话，也不愿表露内心的伤痛。许老师温暖细腻，从家里带了很多经典名著供我阅读，还在生活上予以关照，带我去她家里吃饭，改善生活，我们还一起既像母女又像朋友一样散步聊天；周老师散发着知性大气的美，她用自己与疾病抗争的经历勉励着我，开导我勇敢地面向未来；丁老师身上天然有一种松弛感，随和又亲切，还记得曾坐着丁老师的电摩车去买手机，领取助学金……那最艰难的几年才得以挺过来。感激并难忘那种感受，也想去回馈，想以后也能够去给予他人温情和助力。其次，那时候家里经济条件不是很好，需要考虑学校的远近和学费的多少，而民政职业技术学院就在省会长沙，社会工作专业学费相对便宜，都很契合我当时的处境。最后，就是觉得社会工作专业是梦想照进现实的一种选择，是年少时武侠梦的继续。

入学拜师·铁哥引路

初见铁哥就觉得这个老师很是特别，有个性。瘦高的身材、标志性的长头发和长胡须、方框形眼镜、身着休闲牛仔裤、头戴一顶棒球帽，好有艺术感。谁能想到这位老师不是艺术学院的，竟然是我们社会工作学院的院长呢。

铁哥作为学院院长不仅担任行政工作，也潜心课堂教学和社工实务的带教。大一的时候，铁哥教我们"成长小组"这门课程。在我的理解中，这是一门带我们"好玩"的课程，也是帮助我们身心成长的一段历奇之旅。"成长小组"里面玩什么呢？有室内的"孤岛求生""解手链""心理疗愈"；室外后山拓展基地的"有轨电车""信任背摔""胜利墙"；等等。记得在"心理疗愈"这节，我们班55名同学分成了很多个小组，在营造出的安全温暖氛围中，经过铁哥和助教的带领，我们慢慢开放自己，说出了各自的心事，很多同学说着说着就哭了，当然也包括我。诉说的时候，铁哥和同学们静静地倾听着、陪伴着，给予鼓励和温暖的拥抱，让诉说者有勇气去面对和向前走。

那一次的组内分享是我自初中家中发生变故后第一次愿意跟其他人说起那深藏在心中的伤痛。虽然仍有一些最深处的保留，但我觉得那节"成长小组"是我自我开放、自我疗愈的开始，从那一刻起，我开始学着释放和接纳自己，心终于慢慢地、缓缓地变轻了，成为我新生的一个节点，社会工作的"用生命影响生命"在此刻就悄然发挥作用。

同学们也经过成长小组的挑战和磨炼以及自我开放的分享，迅速促进了我们彼此间的了解，拉近了距离，很好地增进了信任关系与班级团结，最后发展出温暖真挚的同学情谊，共同度过了美好的、难以忘怀的大学时光。

铁哥这种寓教于乐、促人身心成长的教学给我们留下了深刻的印象，我觉得这个老师是"功夫精深"的社会工作大师，跟着他学习应该能够成长不少。正巧铁哥当时还在学院里面带社工实务组，实务组招新时，我赶紧抱着向大师学"功夫"

的求知之心,毛遂自荐了。

令人惊喜的是我顺利进入了铁哥实务组,拜师成功!由此便开始跟着师父"修行练功",在师父的带领下迈向社工之路。

实务800天·社工内功增

铁哥实务组那时服务的困境人群主要是处在生活边缘的困难残疾人,这些人分为肢体残疾、智力残疾和精神残疾等类型,我跟我的"中国好搭档"——刘梦女被分到了服务一对精神残疾母女那组。

记得第一次跟着实务组的学姐去这对精神残疾母女家的时候,我们被深深地震撼了。我们略带紧张地跟随学姐坐着公交车去服务对象家中,从高楼大厦的巷子里穿过去就到了一个老旧的厂房家属区。大街上高耸、霓虹闪烁的大楼与这破败的筒子楼形成了鲜明的对比。爬上窄小的楼梯,便闻到了一些异味,原来是每一层公共洗手间就设在楼梯处。爬到了三楼,学姐开始敲门,我们心里想着服务对象是怎样的呢?她们生活的环境如何?

充满历史感的木门缓缓打开,一位身材肥胖、头发凌乱且白了四分之三、戴了副老旧金属眼镜、眼神中带着怯弱的大姐出现在我们面前,她就是我们这组的服务对象——思思姐(化名)。跟着学姐走入服务对象生活的空间,门后是一个长条形的、很小的厨房,再进去就是一个客厅,没有几件像样的家具,连普通的电视都没有,简陋程度可想而知。思思姐每天就睡在客厅小小的甚至还有些晃动的铁床上。客厅的左手边是一个小房间，思思姐的母亲坐在床边，过肩的白发也是凌乱的，并且由于长期不清洗的原因显得很是油亮发黏，她有些疑惑地望着我们，呆坐着并不跟我们打招呼……

　　看到这样的生活环境，见到生活得如此不易的服务对象，我们被深深地震撼了，内心的善意被激发，想要力所能及地给予她们一些温暖和帮助，社会工作关注困难群体，凸显解困纾难的价值观。

　　千里之行，始于足下。助人总是需要有真行动的。我们小组在铁哥这个好师父的指导下，每周都会定期去往思思姐家，从最初的建立专业关系开始，接着逐步为她们提供生活援助、情感支持、资源链接、能力建设、发展支持网络等方面的服务，并且积极激发她们自身想要改变的动机，陪伴思思姐和她母亲共同走过了一段既难忘又有成长和收获的旅程。

　　往事仍历历在目。我们一起改造凌乱的家。做通思思姐及其母亲的工作后，我们实务团队的伙伴们在周末全副武装戴上手套、口罩，跟服务对象一起进行了家庭卫生大清洁，让房间变得干净整洁了起来，使房子空间也显得大了，服务对象的生活环境变好了许多。我们一起布置房间，购置了新的彩电、冰箱，一起在家中看电视、听歌，让家中更加多彩、便利和温馨。我们一起去菜市场买菜做饭，锻炼服务对象的生活自理能力。我们组织一起外出游玩，让服务对象鼓起勇气走出家门，共享美景，重建正常的社交和生活，白沙古井的清泉、民政职业技术学院的樱花、省植物园的绿草高树都见证了这些欢乐……

当然还有很多服务旅程中的第一次：第一次陪同思思姐母亲去剪头发，我们真是费了九牛二虎之力，提前给阿姨做了几个星期的动员工作，阿姨才松口答应，好在剪完后阿姨的面貌"焕然一新"，她自己也笑了，是很开心和安详的那种笑；思思姐第一次在庇护工场进行辅助性就业，拿到"工资"请我们吃饭的豪气，自力更生的喜悦令人动容；还有为了身体健康第一次实施的减重计划，诀窍就是管住嘴少吃，迈开腿散步，思思姐和她母亲成功地度过了一个暑假的自律生活，双双减重20多斤，给我们带来了莫大的惊喜……

在那两年多的实务服务中，铁哥每周都会定期开会督导，指点迷津，服务对象所在社区也增加了对思思姐一家的关心和帮助。社区好心人张阿姨也积极加入了助人活动，给了我们很大的助力。

经过两年多的持续服务，阿姨的病情得到稳固控制，思思姐的病情也有了较大好转，生理和心理逐渐趋于正常，在生活方式、人际交往上也有了可喜的转变，家庭回归正常状态。思思姐已经到庇护工场工作，正在积极地想要自力更生养活自己。

这些服务的点点滴滴，将社会工作的价值观和助人方法润物细无声地浸润我们社会工作学子，提升着我们的"内功修为"，也通过实践外化于行，指导着我们的助人活动，给困境中的人予以协助，取得了助人自助的效果，让服务对象的生活和精神状态得到了大幅度的改善！

铁哥这个好师父还特意给这段实务写了这样的推荐词：重症精神病支持项目不仅是服务学习（Service-Learning）的过

程，更是一个相信可能、相信改变，以生命影响生命，携手走进爱与光明的温情故事。

北大领奖·社工荣誉深

我们长沙民政职业技术学院申报的重症精神病项目很荣幸地获得了第四届林护杰出社会工作实习项目奖。得知获奖消息，我们的内心被激动和欣喜充盈着。我赶紧买了火车票，从深圳坐了近 30 个小时的硬座火车，与梦女同去北京大学领奖。

北京大学是莘莘学子梦想中的学府，得益于本次获奖，我第一次来到京城，踏入北京大学充满历史文化气息的校园参观并参加研讨会及领取荣誉证书，真的觉得自己很是幸运。

在教育研讨会暨林护杰出社会工作奖的现场，行业大咖云集，社工界"传说中的人物"阮曾媛琪教授、王思斌教授、史柏年教授、马凤芝教授等都来到了现场。上台接过荣誉证书和奖杯，对我们而言这是肯定，也是鼓舞，这个项目的服务是我们社工之路的开端，也是向光而行迈向未来的出发点。

在茶歇时间，阮曾媛琪教授还跟我们说她作为评委对我们做的项目印象深刻，鼓励我们继续努力。我也一直记得她慈爱的模样，记得她对我们的期望，默默在心中给自己打气加油，想着有朝一日能够向这些前辈靠得更近一点点。

2016 年 3 月，我获奖有感而发的朋友圈是这样写的：当你怀着纯粹、简单的目的用心去做一件事时，许多你没有预期的东西就会在一定的时刻出现，给你鼓励与回报。

神秘湘西·农村社工行

大学的第一个暑假，我去了湘西进行农村社会工作的实践。我们学校在湘西有农村社会工作的实践基地，我自己也来自农村，再加上湘西在我们的印象中是一个神秘而美丽的地方，就报名去参加了选拔面试。面试通过后，记得是2014年7月6日，我们一行8人就踏上了去往湘西的路途。

4人一组，分别去的古丈县翁草村和九龙村。翁草村的路并不好走，当时坐的是村里一位龙叔叔的面包车，有一段路是盘山公路，路边就是百丈山崖，都没有护栏，我们坐车的人都胆战心惊的，生怕车跌入悬崖山坡。

湘西真是一个风景秀丽的地方，翁草村更是。"绿树村边合，青山郭外斜。"秀美的山色将小村包围，清一色的苗族小木屋，古韵悠然，与自然美景融为一体，村中还有蜿蜒的小溪流，窄窄的石路，以及淳朴好客的苗家人。

不过最后留在翁草村服务的不是我们组，我们被派到了九龙村。九龙村也是一个好山好水好景的苗族村落，传说是因为村子里有九个洞住着九条龙而得名。相较而言，九龙村的交通环境更为便利，只是就传统木制建筑来说，保存得没有翁草村完整，已经有一些红砖水泥的房子。

在农村实践条件确实很艰苦，7月的日子，我们当时住在村部砖房2楼，没有空调，天气太热，飞蚊也多，风扇使劲吹，还是汗流浃背，到很晚才能睡着，一个月下来，我快晒成黑炭了，而且买菜做饭都得自己来，逢赶集日，我们就搭乘外挂三轮车或者四轮面包车去购置物品，体验到了当地人的真切生活。在群众中，在服务对象中，在具体环境中，一步步贴近本真的生活，一点点感受偏远农村老龄化的严重、青壮年劳动力的外流、留守儿童的现状，因此更能理解当地人的生活感受，我们对九龙村民的生活产生了更多的联结，有了一定程度的接触和理解。

结合村落情况，我们主要做的是暑假儿童夏令营、农村文化的访谈记录、农村文艺活动的组织等。

我们招募组织九龙村正在过暑假的小朋友一起开展了兴趣类、学习类和运动类的活动。这些小朋友大多是留守儿童，看到有社工和志愿者组织活动，他们参与的积极性很高，绘画、唱歌、手工制作、团体游戏、运动会比赛，他们玩得不亦乐乎，一笑起来那白得发亮的牙齿在黝黑的脸上格外亮眼。

九龙村尚武之风盛行。苗族八合拳是湖南省第三批非物质文化遗产之一。八合拳代代相传，我们也有幸见到了八合拳的传承人龙云江龙叔，听他慢慢讲述八合拳的来历，看他展示气势雄劲的拳法。他凌厉的眼神，一招一式的拳脚，苍劲有力，拳法如行云流水，令人大开眼界，真乃大山深处的"惊世武功"。龙叔还带徒传习武术，身体力行进行民族文化的保育和推广，现如今苗族八合拳传习基地已经挂牌成立。由此我们感悟到，村落文化、民族文化的挖掘、传承也是农村社会工作很重要的一个内容。

村落中的留守老人也挺多，其中有一些是退役老兵，实践快结束的时候，我们共同策划组织了一场慰问演出活动。表演的节目虽是我们组织排演的，但也有村民自发报名参与，最后的展示热闹非凡，给我们这段农村社会工作实践留下了难忘的印象。

表演的场地就在村部的水泥坪上。傍晚，接连上演了我们带领村里小朋友排练的歌舞；村民自发表演的竹竿舞，几根竹子就可以打出整齐的节奏，跳舞的阿妹自如地在竹竿内穿行，像小时候跳房子那般有趣；还有村民气势磅礴的苗鼓表演，鼓声雄厚激荡，入耳入心。让我们很开心的是，铁哥也抽空来到了活动现场，给我们加油鼓劲，和大家一起庆祝，并给退役老兵爷爷们送上了慰问物资，也给我们这段历程画上了一个圆满的句号。

现在想想农村社会工作的实践实属不易，好在当时的我们充满冲劲与勇气，那时候的我们无疑是年轻的，处在人生的黄金时代，无畏而勇敢，不计较，不畏缩，只想更多地尽自己所能，留下点什么在遥远的他乡，有着一种很纯粹的美好。

社工前沿·香港参访路

我们学校注重实践和交流，之前学校就有聘香港社工老师授课，学生也有一些去香港特区交流学习的机会。2015 年 6 月，在大二的暑假期间，在学校和铁哥的推荐下我很幸运地到香港明爱进行一个月的参访。

又是一个酷夏，我背上铁哥送的黑色大背包，一个人买了一张去往深圳火车站的车票，在人生地不熟的深圳，与其他学校的参访伙伴碰面（这次参访涉及内地 4 所高校，5 名学生），然后经由罗湖口岸搭乘地铁到达香港油麻地地铁站，见到了小时候经常在港剧里面看到的霓虹灯和极具香港特色的高楼大厦，还有精神矍铄、儒雅的唐兆汉先生。唐先生头发都白了，戴着一副金属边框的眼镜，说着很好听的粤语，笑起来更是慈祥可亲。唐先生是一位资深的社工，浑身充满着社工的感觉，一个月的参访，大多是唐先生（后面还有梅姑娘）带着我们在明爱的各类服务点参观学习，每天的行程都安排得很充实，一天最多跑过 4～5 个服务点，一个月下来得有 50 个服务点左右。

唐先生年近花甲，但为了让我们多参访学习，不辞辛劳，真的很是令人感动和敬佩。我觉得做社工就得像唐先生这般认真、有情怀、有干劲，也默默地在心里将唐先生作为追随的榜样和力量。

明爱机构给我们提供的住宿就安排在地铁站旁边的明爱白英奇宾馆，交通和用餐都很方便，参访还有生活补贴，让我们这些穷学生在参访之余还有一些费用去品尝香港的美食，去看看向往已久的香港美景，真是考虑得太周全了。

明爱白英奇宾馆有很多层，有作为宾馆客房的，还在低楼层设立了一个智障人士的服务点。唐先生带我们下楼说是去参观智障人士服务的时候，我们心里面还有一点小紧张，他们会是怎样的一个群体呢，他们的生活环境如何呢？

跟随唐先生走入服务点的时候，首先映入眼帘的是温馨明丽、干净整洁的环境，香港有很多墙面文化都是手绘制作的，看上去非常温暖可爱。一些智障人士三三两两地在进行晚餐后的自由活动，散步、看电视、唱卡拉 OK，他们穿着整洁，神态平和，还会主动挥手跟我们打招呼，说着"哥哥姐姐好"，一下子就打破了我们对智障人士固有的看法。

在后面的日子里，我们有幸走进智障人士的生活，直接参与活动，看他们参与各类小组活动。他们在庇护工场做着分装草药、打包等工作，晚上空闲时唱歌跳舞，还相约外出购物等，在日常生活中，我们看到了他们的认真和可爱，知道了恐惧源于未知，多了解多靠近，才能对他们有正确的认识。

在乐仁学校参访，见了那些严重智障体弱的孩子后，真的觉得乐仁学校做到了一个很高的境界，真正做到了关爱 The last，the least，the lost 的社群。外界很多人也会质疑开设乐仁学校的意义，但只一句"他们也是人，他们同样也有权利有尊严地生活在这世界上"，便可看到这所学校存在的价值。

在乐务综合职业训练中心，我们遇见了一群刚从外面历奇回来的学员，如果不是事先告诉我们他们是学员，我想我们怎么也不会把他们跟智障这一词语联系在一起，这太令我震撼了。他们中有人成功就业，每年的就业比例都在 40% 以上，2013—2014 年就业比例还高达 72%，我想这便是相信的结果，训练的成果。

去了香港智障人士家长联会后，家长的一席话让我感触颇深："发声，去明确地告诉政府我们的诉求，主动走出来为孩子去争取应有的福利，要求公平地被对待，不被歧视，政府有责任给予服务……"对啊，这是智障人士应该享有的服务，他们应该被公平地对待！这条争取"应该"的路，家长们走得很艰辛，但好在已初有成效，在这条路上让孩子获得了更有保障的归宿，家长也就能有自己的生活，活出自我。

在明爱将近一个月的体验学习，让我们站在中国社会工作发展的前沿阵地，更宽广、更深入地看到了不同领域的社工服务，极大地开阔了我们的眼界，坚定了我们的信念；同时也看到了香港社工前辈对待工作的热情和社工从内而外的温暖和给予，他们秉持社会工作所追寻的理念，舍易求难地提供个性化、创新性的服务。这些闪烁着人性的光辉，将一直照耀我前行，激励我努力做一个初心不改、逆流而上的社工。

香港体验之行除了学习，当然也少不了游玩呀。我们几个伙伴趁着周末自由安排的时间，坐了双层电车、欣赏了维多利亚港和太平山顶的夜景、走在"遍地是明星"的星光大道上、和中环的摩天轮留了影、在紫荆花广场吹风谈感受；还有海洋公园的缆车风景真美，下面是澄蓝的大海，上面是碧蓝的天空，身心都被温柔纯净的蓝色包围；迪士尼公园算是童年圆梦之旅，童话王国令人陶醉；长洲岛的甜品味道还不错；书展、港大、理工大学也留下了我们到此一游的难忘而美好的痕迹……

只身闯荡江湖·初涉职场

毕业实习的时候我去了深圳，做了一段时间医务社工，但考虑到长沙离老家比较近，方便回家，另外，正好铁哥所在的长沙市社会工作协会（以下简称市社协）需要人手，于是在2016年6月毕业后，我正式加入了市社协，开始了人生的第一份正式工作。

在初入职场闯荡时，真的很庆幸遇到了一群并肩同行的好同事。做社工的女孩子比较多，而当时刚毕业的我无疑是最年轻的。承蒙各位社工姐姐们的包容和关照，初入职场的愉悦体验，让我这个职场新人逐步适应了打工人的身份。加上有好同事（也是一辈子的好姐妹）军霞姐在工作上的指导，生活上的关心，还有市社协会长铁哥的鼓励，当时的自己总是精力充沛、活力满满、有想法、敢实践……这真的是令人怀念的激荡岁月。

市社协是社会工作的行业协会，属于平台型的综合社会工作。在市协会的两年，我主要是协助做行业人才发展的培训、社会组织等级/项目评估、会员管理工作，这份工作让我更快地了解行业，融入长沙社工的圈子，认识了许多有爱心的小伙伴，见到了很多优秀的社工前辈。

2016 年正是长沙积极孵化、发展社会工作的时候，社工人员的培养、能力的提升显得尤为重要。市社协在长沙市民政局的支持下连续举办了好几年的社区工作人员、社会工作实务人员、社工机构管理人员培训。从项目方案撰写、酒店对接、培训老师接待，到会务服务都是我们自己负责。我们真的是特别用心地在做好培训，在铁哥的支持下，我们邀请社工行业诸多大咖级社工老师来长沙传经送宝，陈涛老师、童敏老师、易松国老师、代曦老师、香港的梁诗明老师……都给我们长沙的社工伙伴带来了满满的"干货"！不仅有请进来的培训，更有"走出去"的学习。我们还组织优秀学员去往社工发展一线的广州、深圳进行实地参访，一同走进广州、深圳发展得好的大机构进行体验和交流学习，开阔学员的视野，学回来优秀的经验，共同去促进本地社会工作事业的发展。

市协会开展了几年这种"培训＋参访"相结合的学习，

得到了学员一致的喜爱和好评，他们有的一直坚守在长沙社工行业，逐渐成长为长沙社工的中流砥柱，用学到的知识、积累的经验为更多有需要的人提供专业服务。提升技能、学以致用、造福困境群众，既是我们开展培训的初心，更是培训的圆满收获。

市协会当时还承担着长沙市社工机构项目评估、机构等级评估工作。出发点就是想要通过评估促进项目的提质升档，促进社工机构的稳步规范和发展。我们邀请长沙市高校、实务界的老师和资深专家参与了评估项目，当时定的基调不是去给项目和机构挑毛病，而是真心实意地去为项目提供帮助，与项目和机构站在一个阵营里，既专业又公平地推进各项评估工作，切实地提升项目和机构专业水准。在评估的过程中，也遇到了胡建新老师，一位很优雅、智慧的女老师，她在生活和工作中给了我很多的启迪和帮助。她用自己的经历和生活态度教会我们女孩子要自立自强，要增强本领，要有为自己撑伞的能力；告诉我们 girls help girls（女孩帮助女孩），让我们在生活中建立好自己的支持网络，找到志同道合的朋友，喜乐有分享，共度人生风雨；胡老师退休不褪色，总是一副神采飞扬的模样，走路飞快，笑容灿烂，传递着一种积极豁达的人生态度，深深地感染着我们。

刚闯荡职场的好奇，读书十余载的"武功"积累，加上市社协友好的职场氛围，我干得可起劲了。也许正因为当时是这样充满力量和发光的自己，所以才能坚持拿着 2000 多元的工资，租着房子，吃着外卖，月月花光，还能够自嘲说：吃光花光身体健康，没心没肺活着不累；才能与同事军霞姐两个人奋战到深夜只为弄好五六本标书，争取到政府一年一续签的项目；才能不仅做着社工专业的活，还兼任协会宣传（公众号管理）、税务跑腿、行政协助等工作，变身"一工多能"的社工。那时候年轻，心更是飞扬的，一直在向上、向上、向上，即使翅膀载物很多，也还飞得起来。

仗剑走天涯·三载株洲情

在市社协期间，一线实务做得比较少，时常会怀念以前在学校在一线服务的日子。

后来市社协换届，人员进行了调整，因缘际会下，2018年6月，我离开了市社协去了社工机构——长沙仁与公益组织发展与研究中心，被派到株洲市荷塘区开展精神障碍家庭服务的项目。人生就是这么奇妙，我又回到了精神障碍家庭服务一线。

我们这个精神障碍家庭服务项目叫向阳计划——社区精神康复社工服务项目，是株洲市第一个精神障碍人士服务的社工项目。第一次是跟着刘战旗老师、志丽姐去项目落地点的社区与社区工作人员沟通，确定项目人员和场地：人员就我和在当地招聘的帅姐；办公室就在社区二楼。万事开头难，住的地方是临时租的房子，吃饭靠外卖，帅姐还自己带饭了好一段时间。

拿到整个街道的名单后，我们大吃一惊，一个街道登记在册的精障人士差不多有160余人，其中的一个社区竟占了60人左右，我一下子就感受到精神障碍人士服务的迫切需求。

我们首先做的是服务对象的摸底登记工作，从街道和卫生服务中心拿到名单后，我们逐个致电联系服务对象，告知我们项目的服务内容，了解他们的情况，并积极预约入户访视评估，邀请服务对象来参与活动。

帅姐与我妈妈年纪差不多，虽然之前未做过社工，但她是本地人，生活经验丰富，性格爽朗，也很能干，我们共处的3年里，分工明确，相处如同事，又像家人，她和文姨、龙叔在生活上给予我很多照顾，我们一起推动着项目稳步发展。

帅姐有一种能够与他人迅速拉近距离的社交能力，加上荷塘区有较好的志愿服务氛围，在区里、街道、社区的支持下，我们招募到了几个本地的志愿者，社工致电服务对象后预约上门访视，都是靠着热心的志愿者带路顺利找到服务对象的。在最热的夏季，靠着一部手机、两名社工、几名志愿者，我们成功采集了100名精神障碍人士的信息，并重点入户走访了40户精障家庭。

入户走访后，我深深地看到了这些家庭的不容易。有因遗传患有精神疾病的刘阿姨，近60岁一人独居在厂里的小小宿舍；有产后抑郁导致精神疾病的廖姐、凌姨；有历经生活打击而生病的贺姐、罗大哥；等等。疾病不单对个人的身体和情绪有影响，也会给他们的整个家庭蒙上一层阴霾。

刘阿姨独居简陋的厂房宿舍，孤单无人相伴；廖大姐遭遇离婚，住的房子是她母亲名下的楼梯房；贺姐跟母亲生活在低矮潮湿的破旧厂房宿舍，生活都需要靠着母亲和姐妹接济；汤姐自理能力不佳，与父母生活在村里，父母不仅需要照护其生活，还要种菜、种柚子维持生计；罗大哥喜欢唱歌，间断地可

为何逐光：社工的苦乐与忧喜

以找到当保安的活儿，但是病情不稳定，老是进医院……

虽然政府对符合条件的服务对象会按照相关政策（如低保、残疾人补贴等）予以照顾，但那只能维持基本的生活。引进"向阳计划"后，我们为服务对象提供了5大板块的服务，包括健康与医疗服务、心理支持服务、社区照料服务、社会保障服务、社区融合服务。从疾病管理、情绪疏导、政策咨询、物质帮扶、文化娱乐、生计发展等方面全人、全程地用心服务。

我们先在节庆日、主题类活动中凝聚服务对象，切实帮扶他们解决实际问题。刘阿姨最初是怕生、拒绝社工上门走访，经过一段时间的观察，在社区的介绍下，才慢慢放松了心中的戒备，参与了项目活动，逐渐跟我们融在一起。由于家族遗传患病多年，刘阿姨性格较为孤僻，一直没有办理残疾证，项目社工得知后，第一时间将她符合办证条件的消息以及可以享受的残疾人补贴待遇告知她，做了多次工作后，刘阿姨才同意跟我们一起去街道办理残疾证。为民解困办实事，是最快与服务对象建立良好关系的方式。经过办理残疾证，刘阿姨对我们的信任进一步增强。

到后来，刘阿姨每天上下午都会来我们项目点一次，跟社工聊聊天，说说每天吃饭、吃药的情况和社区里的新鲜事，把项目点当成自己的家，遇见新的服务对象或者参观到访者，她特别愿意分享她自己的感受，为我们项目点赞加油。她学会了关心他人，买了水果，都会送一些到办公室与我们分享。记得有一天中午下雨，我一个人在办公室加班，正愁着怎么去马路边买点吃的，刘阿姨撑着伞，穿着套鞋走了进来，关切地问我吃饭了没。我回答说下雨，还没有去买，刘阿姨立马表示要帮我去买份汤粉，拦也拦不住，最后刘阿姨拿着打包的汤粉回来（后来我把汤粉的钱给了刘阿姨）。那天我忍不住发了朋友圈，记录了当时的感受：下雨天，有人主动帮忙打包汤粉，真让人感动！

在项目的几年中，我们见证着孤僻难处的刘阿姨康复成一个情绪较为稳定、积极参与社区活动、主动关心他人的阿姨。能参与一个独特生命的成长，我们何其有幸呀！

刘阿姨曾写下这样的感想："3 年以来，不辞辛苦、不怕艰难，帮我办好了残疾证，让我每月领到了 100 元残疾补贴，还经常上门走访，询问服药情况，了解生活上的困难，有时还送来一些物资，真是关心、体贴。'向阳计划'还组织各类趣味活动，手工、唱歌、朗诵，内容丰富多彩，我们很高兴，很乐意接受，并且期待下一次活动。从心里讲，希望'向阳计划'项目长期办下去，我们有希望、有依靠。最后谢谢党，谢谢组织。"

龙叔和文姨是给我留下深刻印象的两位服务对象家属。他们对患病的家人不离不弃，默默付出，尽心尽力地照顾，成为病患的强大支撑和坚强后盾。

在照顾老伴凌姨几十年的时间里，龙叔总是将家里打扫得干净整洁，他每天负责买菜做饭、督促凌姨按时吃药、陪凌姨散步、参加活动等。龙叔性格温和，心肠柔软，正直而善良，温暖而踏实，是大家心目中一致认可的好丈夫和仁爱互助会（家属支持互助自组织）的好会长（副会长）。患病的凌姨是不幸的，但又幸运地遇到了龙叔这位相伴一生的良人。

文姨是廖姐的母亲。廖姐整体康复情况还不错，稳定服药，加上家人的照护疏导，也经常与文姨一起来参加项目点的活动。她能够找到一点零活，挣点零花钱。廖姐康复得这么好，让我们想起了另一位服务对象刘大哥的分享：精神疾病虽说比较难治愈，但是经过系统治疗、稳定服药、自我调整，也是可以投入正常的生活的，不管有病没病，只要是奉献于人们的幸福生活，就都是优秀的人。疾病亲历者刘大哥领悟得多透彻呀，病症只是人躯体某一个阶段的一小部分的损伤，并不能否定我们整个人，我们仍可以带病生存，去共享阳光雨露，云山雾海。

文姨是一个风风火火的人，性格爽直，处事灵活、幽默，很讨人喜欢，有种能给他人带来欢乐的神奇魔力，她总是说事情又累不死人的，多做点也没关系，她是互助会的会长。项目初期和发展过程中，多亏了有文姨、龙叔、刘大哥、刘阿姨这些可爱的家属和服务对象的支持和携手推进，是他们一起共建了"向阳计划"，打造了服务对象共同的"向阳之家"。

往事如海，汹涌心头，把我的思绪带回了2018年的腾讯"99公益日"，项目为政府购买的"三社联动"项目，资金不多，为了链接更多的服务经费资源，我们连续两年参与了"99公益日"的筹款。在筹款过程中，文姨、龙叔、刘大哥、潘大哥等服务对象及家属都积极参与，我们一起拍筹款宣传照片、一起去红旗广场摆点宣导筹款，一起发动身边的亲朋好友为项目捐款、助力。文姨、龙叔等更是慷慨解囊，为项目捐款。在之后的日子里，互助会也发挥了很大作用，跟社工一起以同路人的身份去访视服务对象，引导服务对象走出来参与活动，恢复社交；一起去义卖，去企业链接资源等。他们的付出是一份支持，也是对我们项目的鼓励和鞭策。

社区的对面原来是一所废弃的幼儿园，荒废有一段时间了。在政府部门的支持下，社区将这个荒废的院子给了我们项目组开展活动。当我们面对这布满灰尘、破败的院子一筹莫展时，也是项目的服务对象、家属、志愿者纷纷前来，撸起袖子和我们一起热火朝天地干了好几天，铲草、清除蜘蛛网、扫地、抹灰尘……把这个废弃之地当作自己的家打造和建设着，最后迎来了一个温馨、开放的"向阳之家"，成为我们共同的大本营。

项目服务做出的成绩得到了区里的认可。2020 年，我们在荷塘区的精神健康服务项目从 1 个扩展到 3 个，覆盖了 3 个街道，社工从 2 人发展到 4 人，3 个项目总共覆盖近 200 人。

在株洲市荷塘区开展了近 3 年的服务，总的来说，荷塘区是一个重实干、志愿服务基础较好、愿意给社会组织（社工项目）以扶持和鼓励的地方。政府各级部门的配合较为顺畅和谐，领导也很亲民，当时区里的赖书记、文主任、张主任、杜主任等，疾控的谭主任、胡主任、彭主任等，还有区、街道、社区的其他领导都对项目予以大力支持和帮助，给了社工人很多发挥的空间和荣誉。机构也给了很多的专业支持和指导，铁哥、志丽姐、娜姐定期来项目点督导鼓劲，甚至还邀请香港精神康复服务方面专家的梁诗明老师来项目点"诊脉"，让我们在一种有价值感和意义感的氛围中探索和前行。

提笔至此，我的眼睛不禁泪湿，服务于基层，连接着困境中的人，体会着人间的温情，越发能理解诗人艾青所写的诗句：

"为什么我的眼里常含泪水，因为我对这土地爱得深沉。"

最后让我用龙叔填词写的歌《向阳计划好》来为株洲的这个项目结尾吧。

向阳计划好，

向阳计划好，

五大服务精患家庭帮扶保。

走家访户立名册，

服务对象逐个摸底列方案，

保驾护航促康复，

带动精患群体回归社会家，

回归社会家。

向阳计划好，

处处有妙招，

"三社联动"齐配合，服务周到了。

家庭群也参与，

社工义工集思广益显身手，

我们大家同努力，

要把向阳计划越办越好，

越办越好！

武侠之路漫漫·"一蓑烟雨任平生"

在精神康复领域差不多 3 年的实务时光，是丰富而充满意义的。但人生总会有迷茫，想着要去再探求人生未知的可能性和新的成长。

2021 年，我依依不舍地从株洲回到长沙，从精神健康领域到了老年人服务领域。之前都在社工机构工作，这次则是在一家养老服务公司。公司的分工较细，社工主要负责综合性评估、服务风险管控、专业小组、个案管理、社区共建等工作。

作一名老年社工，因有以往的社工服务经验，我与老年人建立专业关系还是比较快的。而从非营利性的社工机构到完全市场化的养老公司，适应职场环境是一个挑战。在调整和接纳的路上，我时常思考，究竟哪一个"武学门派"更适合自己？

从 2013 年到 2024 年，我心怀年少的武侠梦，勇闯江湖，在并不一马平川的社会工作学习和实践之路上，已经走了快 11 年，很高兴自己能够不忘初心和感动，不负良师益友的陪伴和指导，将社会工作的信念和精神内化于心、外化于行，将社会工作的服务方法学以致用，为有需要的人提供力所能及的协助，为自己热爱的事业坚守和奋斗着。铁哥经常跟我们说"每一个生命都有价值"，那就让我们多去看到他人生命的价值，也发挥自己生命的潜能，保有我心，并修炼常怀"一蓑烟雨任平生"的豁达。

一个甘肃姑娘在长沙的社工之路

李军霞①

在社工路上有很多时候也会一次次反问自己：社工到底是什么？我为什么做社工？做了这么多事，社工的价值体现在哪里？有人说：社工是全能王、服务者、资源链接者、经纪人，也有人说：做社工就是要靠情怀。但其实在面对现实生活的时候，生活远远超过情怀，要清楚地知道社工不是全才，社工也需要生活，社工不是无所不能，社工也需要支持，也需要被给予。社工的专业性并不是在每一件事上都能够体现，能够做社工的人，只是在尽可能地做自己认为有价值的事，只是在成长的路上砥砺前行，勇往直前。

您好，社会工作

2011 年，19 岁，在我最美好的年华，遇见了你——社会工作。

当年高考失利，自己没有复读的勇气，于是父亲说："那就报考个大专院校，往南方城市走。"在父亲的认知里，南方

---

① 李军霞，女，现为长沙市千里社会组织评估中心总干事、长沙市岳麓区银望公益服务中心社工主管，曾为长沙市社会工作协会副秘书长。

城市的发展是走在我们北方城市之前的，也正是父亲的这句话，让我重拾信心，开始查资料、报志愿，当时我还没有智能手机，拿着父母用过的旧手机查资料。刚开始看的是福建的学校，后来不知什么原因，开始看湖南的……首先是保险职业学院的分数线吸引了我，然后无意间又在手机上看到这样一句话，"长沙民政职业技术学院是全国大专院校中的清华北大"。于是，我开始对长沙民政职业技术学院所有专业作了全面而深入的了解，发现网上对长沙民政职业技术学院的反馈越来越多，好评也越来越多，便下定决心报考这所学校。在选专业的时候，我发现大部分专业的学费都在 5000 元以上，只有"社会工作"专业在 4000 元以下。

第一次看到社会工作专业，真实感受是，从来没有听说过，更不清楚这个专业具体是学什么、做什么的。于是我又开始社会工作专项资料查询，查了很多资料还是没有明白什么是社会工作，唯一打动和吸引我的，是看到有网友说："社会工作毕业后好就业，不怕找不到工作！"

也或许当时是从家庭环境和自身实际考虑，让我果断第一志愿报考了长沙民政职业技术学院社会工作专业，结果直接被录取。

就这样，我和社会工作在长沙民政职业技术学院相遇了。

离别与开启

"呜呜、哐当、轰隆隆、咔嚓、呼呼……"，随着火车不断南下，我和父亲坐了 28 个小时的绿皮火车，还是硬座，于

2011 年 9 月 10 日凌晨 3 点钟，终于来到了长沙。这是我人生中第一次坐火车，记忆中是拥挤的、脏乱的、吵闹的。有幸的是在路途中遇到了一位暑假来兰州旅游回广州的小姐姐，一路上和她有说有笑，因为她的热情陪伴，让时间也过得快了很多，现在想想那时的自己是青涩的、胆怯的、内敛的。

第一印象的长沙，是火热的、潮湿的、雾蒙蒙的，这对于一个生在西北、长在西北且从未出过远门的我来说，是不适应的、不舒服的。大半夜的长沙，学校的学长们还站在火车站出口迎接我们这些新生，让我很是感动，就连平日不善言辞的父亲也连连夸奖："这个学校不错，让我们外地来的家长很放心，你好好学习，明年也来这里接新生！"那个时候还没听说过"生命影响生命"这句话，现在回想起来，长沙民政职业技术学院的学子们就是这句话很好的践行者！

天一大亮，我和父亲来到火车站集中点集合，大巴车接我们去学校，随着学长说"马上就要到咱们学校了，这堵墙里面就是笃行湖，咱们学校门口的公交车站是油子塘……"转眼就进入了校园，映入眼帘的是服务长廊边各种各样的餐饮店、中国联通网点、中国移动网点、来来往往的学生。车子在学校中心花坛靠停，我们走下车子，拿行李箱，马上身后就有和蔼可亲的学姐说："欢迎来到长沙民政职业技术学院，我带你们去办理手续吧。"我和父亲跟在学姐身后，信息登记、物资领取、缴纳学费……很快在学姐"一条龙"服务下，入学手续办理完毕后就来到了寝室……来到长沙民政职业技术学院的第一天，我已深深爱上了学校的一切。

等我把学校的一切安排妥当，父亲陪着我在学校的角角落落都逛了一遍，父亲就要起身返程回家了。在学校对面的油子塘公交车站，随着805路车的到来，父亲上车，车子启动，我转头泪流满面。这一次离别的场面永远刻在了记忆里：父亲还算高大的背影、干脆利落的转身。每次想起这一离别场景，鼻子都是酸酸的，泪水止不住地流。虽然父亲不善言辞，但是我知道在他心里，有很多对女儿的不舍，这是在我成长中必须做的放手。

这是我在社工路上与原生家庭的第一次别离，人生中的第一次远行，至此，正式开启一个人在长沙这个陌生、不太适应的城市的学习和生活。

第一堂专业课，是袁继红老师（我们喜欢叫她袁妈妈）给我们上的"社会工作理论"。我满怀期待地等袁妈妈给我们介绍社会工作到底是什么，用我最美好的姿态认真学习着。谁知，袁妈妈先给我们吃了颗定心丸，说："社会工作是什么"这是一个很大的命题，大学3年时间也说不清楚，还需要你们自己慢慢去探索、实践、思考和感悟……那时的社工学院中，学生对老师有着很多特殊亲切的称呼，如袁妈妈、杨姐姐、铁哥、曹老板……

最后，袁妈妈抛出一个相对权威的定义给我们作参考：社会工作是秉持利他主义价值观，以科学知识为基础，运用科学的专业方法，帮助有需要的困难群体，解决其生活困境问题，协助个人及其社会环境更好地相互适应的职业活动。

在学校学习专业课之余，也会通过一些全院性公选课结识新同学、新朋友。在不知道我来自哪里之前，她们都会发出这样的疑问：你是新疆姑娘吗？你是混血儿？当我笑笑地回应说："我是兰州姑娘。"她们听了大多都会表示很惊讶，都会联想到西域之路的历史故事。"大眼睛、浓眉毛、长睫毛、黄皮肤"，这或许就是我们兰州姑娘特有的模样吧。

杨婕妤姐姐的"人类行为与社会环境"课程，让我开始重新认识自己，通过童年故事来理解自己。当时"生命影响生命""助人自助"也是影响我最深的两个理念，我也会带着这样的理念回忆自己的生活和家庭。

社会工作专业的学生，不仅要学习理论，还需要实习、反思、成长。在大学的 3 年时光里，除了学习专业课程，我也参加了很多实践活动，如参加了中国社会科学院关于居民生活状况的调研项目，在长沙市雨花区福利院、长沙市芙蓉区古汉城社区残疾人康复站、长沙市长塘里小学长期做志愿者等。在长塘里小学心理咨询室值班期间，我多次为小学生做心理引导，帮助他们走出当下的情绪和心理困境。经过长时间的实践积累，从初次带活动的不知所措、紧张得睡不着、面对服务对象时的窘迫、完成任务式的开展活动，一直到后来开展活动的得心应手、能够结合服务对象的需求进行策划、尽可能提升活动的质量，其中的变化与 3 年的专业学习是密不可分的。

当然，在我社工路上奠定重要基础的，还是史铁尔老师的铁哥实务组——我以实务组组长的身份，长期扎根在长沙市芙蓉南路社区开展志愿服务，负责老年人、残疾人、青少年 3 个小组统筹工作，同时深入做老年人服务。在史铁尔老师手把手带领和小组活动常态化的坚持下，我们团队深得社区和服务对象的欢迎和认可。记得团队当时做得很有成效和价值感的一个案例。小郭（化名），男，12 岁左右，脑瘫，父母离婚了，平日都由奶奶照顾，家庭经济条件很困难。因为手脚不受控制，奶奶总是将他放在脚盆里坐着，他不能站立也不能行走。在我们团队的努力下，为他链接资源获得了一把轮椅，周末我们会推着他下楼去晒晒太阳，见见人，看看风景，让奶奶也得到短暂的喘息。经过长时间的关系建立，我们发现他很喜欢电脑，于是向社区申请链接资源，终于为他带去了一台电脑。拿到电脑的第一件事情，就是教他在电脑上打出自己的名字，看到自己名字的那一刻，他开心极了，手舞足蹈地，看到他和奶奶脸上的笑容，我们也很开心。我们毕业前，实务小组进行了工作交接和人员补充，虽然我们毕业离开了，但实务小组的服务继续着。

记得在学校时，史铁尔老师上课时常常给我们说，"做社工不能赚大钱，但是能小康，如果想要赚大钱的，可以早点做其他打算，如果想要生命变得有价值，生活又能达到小康状态的，社工是个很不错的选择"。大学时期是不能真正理解这句话的，到了后来，慢慢长大，就真的能够理解其背后的含义。

第一段社工职业道路

2013 年 11 月的一天，因为史铁尔老师的一通电话，我来到即将成立的长沙市社会工作协会实习。刚一上岗，就成为协会成立大会筹备委员会的一员。2014 年 5 月再次回到学校进行论文答辩，6 月拿到毕业证书后，与协会签订了劳动合同，正式开始了我的第一段职场生涯。相比很多同学，我的就业显得比较顺利和容易，这要感恩我的导师史铁尔老师，是他将我带入社会工作行业，让我踏入社会工作职场。

虽然我入职很容易，但是职场生活也会有很多的委屈和困惑，当自己有不懂的问题去问前辈们时，自己的无知和笨拙也会遭到个别前辈的"白眼"和讽刺，这也让我这个初踏职场的"小白"对职场有了初步的感受。

3年的社会工作专业学习、2年的社区志愿者、1年的行业协会实习经验，这些经历加上长期的实践，使得我能够接触到多种类型的群体，能够坦然应对职场的复杂问题，也正是因为这每一种身份的不同要求，让我在社工路上走得更加笃定。

在协会工作的4年多时间里，我的工作岗位从"一线社工—办公室主任—副秘书长"，具体负责统筹了多项创新性项目：（1）负责执行与国际的合作计划、与长沙县妇女联合会合作开展"湖南社区儿童保护机制建设项目"；（2）连续2年负责统筹和执行长沙市民政局政府购买社工人才培训项目；（3）负责组织执行2016—2017年长沙市民政局政府购买社工服务项目第三方评估项目；（4）负责统筹和组织编写长沙市首本、第二本社会工作发展报告（蓝皮书）；（5）负责开展长沙市第一届、第二届"十佳社工、优秀社工"服务项目评选活动；（6）连续2年负责策划和执行湖南省"国际社工日"主题大型宣传活动启动仪式等。其间还设计了多期社工沙龙，努力营造"家"的氛围，给社工带去一点归属感和职业期待感。

回想在这期间，也有很多有趣的故事，特别是我和团队组织开展全市社工培训班的时候，带着社工伙伴到深圳交流学习，一起感受社区营造的工作氛围，一起在广州的农村社工项目点制作手工、下农田干活，很是开心和快乐，在体验中感受社工的专业理念。"这种方式很好，能够让我们很直观地感受、学习社会工作方法的运用，回来在我负责的社区也搞搞试试。"这是一位社区支部书记在学习反馈中分享的。当然很难得的是，因为培训工作的对接，也能够有很多与不同"咖位"的前辈、老师交流互动的机会，能够近距离感受他们的社工故事和社会工作价值实践，离开协会后虽然很少和他们联络，但也会在朋友圈默默关注他们的动态，也会时不时地进行"点赞"互动。

随着时间的流逝和工作时长的累积，我发现自己在协会做的很多工作并不能体现社会工作的专业性，也会常常反思如何在常规工作中体现社会工作的专业性。慢慢地我发现，这是在社工工作中一直会遇到且需要花费时间去思考的问题。

2018年，长沙的政府购买服务市场竞争越来越激烈，协会在竞标中失去优势，在这一年没有接到项目，自己也因怀孕进入一段人生休整期。那段时光是我人生中既充满期待又感到前途渺茫的日子，自己因为在家保胎，基本没什么收入，面对产假结束后的就业问题，焦虑何去何从，心里很是没底……

第二段社工职业道路

2019年8月，随着产假的结束，因为长沙市千里社会组织评估中心（以下简称千里评估）老师的邀请，我很顺利开始了在千里评估团队的职场生涯。说到千里评估，其实在2017年我就已经与他们联结——当时我负责千里评估在长沙市社会组织孵化基地的孵化与培育，那时也没想到自己与千里评估的缘分会那么深。

从 2019 年至今，我在千里评估一直担任中心总干事一职，新组织、新团队、新身份、新挑战，促使我更聚焦、更专注于行业支持与研究。负责开展和参与的领域有：湖南基层社工站项目评估督导、湖南残疾人托养服务监测评估与研究、基层治理/社会工作/公益创投项目监测评估、社会组织等级评估、长沙市基层治理真抓实干激励第三方评估、长沙慈善总会"创益合伙人"项目评估与督导、浙江台州社区治理项目研究等。

在千里评估扎实工作的这几年，我慢慢也积累了一点小成果，如参与《湖南省残疾人托养服务规范》（DB）起草，是《台州市椒江区海门街道—社区治理与服务创新实验区研究报告》主要编写人，获得湖南省 2021 年"优秀社工"、"圣辉·护生功德奖"荣誉，兼任湖南省社会工作协会理事、长沙市社会工作协会理事等。

在社工服务的路上也会留下一些感人的故事。记得在 2021 年我负责主持的一期主题沙龙上，看见曾经督导的一名残疾人托养机构人员，从原来的不积极、不表达、不发言，到那天在沙龙中精心制作的 PPT，让我感受到间接服务的价值感和成就感，因为看见服务对象的改变、努力而感动，我想因为自己的专业、用自己的耐心服务带给他人的改变，同时也能影响和促进他人对服务对象（残疾人）的专心和服务吧。

从长沙市社会工作协会到千里评估这一阶段，是我社工路上的升级与晋阶，职务和人生角色的升级，专业道路和家庭身份的晋阶。在升级与晋阶的过程中，有很多的"孤独感""迷茫感""无助感"。为了照顾年幼的小孩，居家办公是我的工作常态，在这期间同伴支持减少了，很多时候都是独来独往，有很长时间都不能很好地适应，感觉到前所未有的"孤独"。也会因为工作和家庭精力分配不均而产生很多焦虑、迷茫情绪，再加上单调的生活，一度陷入自我怀疑中，失眠、情绪不稳定，人生第一次主动去看医生，被诊断为产后抑郁。回想这种状态持续有 4 年多了，其中的不易和艰难也许只有经历过的人才能体会吧。想想这大概就是人生在升级与晋阶过程中必须面对的吧。当你能坦然面对一切的时候，也是自己真正长大、强大、豁达的时候！

关于社工到底是什么，你们怎么认为呢？

在我社工路上的那些人

在每个人的成长道路上，肯定离不开很多的支持者、鼓励者、同行者，自己能够坚持在社会工作行业摸爬滚打这么多年，也是因为有一群人的支持、指导、鼓励和同行，才会让我的社工道路越走越坚定。

首先，很庆幸我能够遇到人生中非常重要的两位导师。其中，第一位是史铁尔老师。他将我带入社会工作行业，是我社工路上的引路人，在学习和工作期间给予我很多鼓励，是我迷茫和无助时的一盏灯，也是我结婚典礼上的证婚人，当生活和工作中有困惑之时，只要去询问，他基本都能做到"有求必应"。第二位是胡建新老师。她让我重新认识行业，认识自我，允许自己做自己。她让我看到自己与别人不一样的地方，并坚持做自己，也会手把手地教我一些研究方法、写报告的格式、重要场合的说话方式……也会和我分享她60多年来生活的经验和有趣故事，常常扮演"知心大姐"的角色，不像是我的领导。

其次，是我社工路上的人生伴侣和后盾——我的爱人。从恋爱长跑5年到结婚6年多，我的人生标签从"北方的姑娘"到"远嫁的姑娘"。我爱人对我的工作很支持，从我们还未结婚时开始，当我一个人加班的时候，他会陪着我；当我作为负责人组织大型活动的时候，他会作为志愿者支持我们。在遇到我之前，他有一个愿望是娶一个新疆姑娘做老婆，当遇到我之后，他笑着说："遇到你，也算我的愿望达到了。"我想也许因为我和新疆姑娘有着相似的"大眼睛、浓眉毛、长睫毛、黄皮肤"样貌吧。很多人听说我是甘肃人，都会好奇是什么原因让我远嫁到湖南。我想是父亲的一句话，社会工作的学习和成长，因为长大的力量、爱情的力量，或许这就是命运的安排。

接着，是我社工路上的好闺蜜——颜丽平（外号兔子）。从2016年共事至今，虽然现在我们不在同一个领域做社工，但都时刻保持分享彼此工作和生活上的点点滴滴的习惯，也会在关键路口相互支持。她是我结婚时候的伴娘，我懂她的奇奇怪怪，她懂我的可爱，所谓"路遥知马力，日久见人心"，这是彼此从陌生到熟悉，一点一滴累积起来的感情。感谢生命中有你一直的不离不弃——变成老太婆的时候也务必约出来喝茶叙旧。

最后，还有在我社工路上的姐妹（好友）们。她们是我在长沙市社会工作协会工作时相识的，工作使得大家彼此有了交集，生活中我们慢慢相熟起来。因为聊得来，我们建立了"八个葫芦娃"的微信群，度过了几年"一起疯一起闹"的时光。随着每一位姐妹结婚，家属也陆续入群，这个大家庭的人丁越来越兴旺。从2016年至今，虽然有姐妹从长沙离开，但是我们平常依然会在群内分享各自的生活日常、开心和喜悦，大家都是彼此重要的支持网络，希望能够一直联络下去！

10多年，坚持如一地选择继续往前走，是因为在服务的过程中自我不断地被治愈。社会工作让我越来越了解自己，社会工作让我越来越喜欢自己，社会工作让我越来越发现自己有无限可能，所以很多时候往前走的过程，获得帮助与治愈的那个人反而是我。

我与社会工作的故事，说不完也记录不完。回顾我与社会工作相遇相交的12年时光，有幸遇到能够指点迷津的人生导师、结识志同道合一起同行的伙伴、认识能够鼓舞人心的前辈，有着感动、温暖、激励和阳光，也会有不同阶段的低谷。从学校毕业后持续几年负责开展长沙市社工人才赋能培训工作，到这些年在社工督导、评估与调研等方向探索研究、积累和坚守，形成了我与其他社工较为不一样的社会工作之路吧。

道阻且长，行则将至。社工之路漫漫，希望我能成为一名"有温度，懂情趣，会思考"的社工。期待未来彼此相伴的日子，期待每一个社工都能够坚持大步向前。

新的一段工作即将启程，在新的方向领域，期待成就一个崭新的我，而全新的我，继续谱写我与社工的故事，继续前行我的社工之路。社工小伙伴们，让我们一起坚定地努力，加油呀！

陪伴村庄，寻出一个信仰来

李柳英①

　　毛泽东等人以天下为己任，给了年少的杨开慧巨大的影响，她默默立下了寻找自己信仰的决心。她在自传中这样回忆道："我很想寻出一个信仰来！后来我决定了我的态度，尽我的心，尽我的力，只要做到这一个'尽'字，其余就不是我的责任。"

　　生于开慧镇、长于开慧镇的我从小耳濡目染，深切感受到杨开慧对于共产主义的崇高信仰和为此不懈奋斗的革命精神——她美好爱情始于信仰的吸引，她忠贞不渝在于信仰的坚守，她从容赴死源于信仰的升华！

　　当我返回家乡成为一名农村社工时，就下定决心也要坚守一份最纯真的信仰。虽然没有了战火烽烟、枪林弹雨，但更要坚定理想信念，牢记初心使命！

　　借这次社工故事的撰写，将自己10年的社会工作之路作一个全面的梳理，以开放的态度剖白自己，坚守社会工作的价值，在成长和服务经历里反思和呈现什么是社会工作、社工是怎样的人。

---

　　① 李柳英，女，中共党员，中级社会工作师，长沙县开慧镇民政社工站执行站长，长沙市第十五届、第十六届人大代表，长沙市首批优秀社工。

回归家乡：以社工身份融入乡村发展

1996年我从湘江师范学校毕业后，就职于广州一家幼儿园，2012年5月因父亲离世，为了陪伴年迈孤单的母亲，重又回到家乡湖南省长沙县葛家山村，当时的我万万没有想到，这次回乡于我而言是一场"剧变"。

"妈妈，你那一柜子的漂亮裙子都浪费了。"在广州当老师时，我最喜欢的衣服就是旗袍，衣柜里挂着30多件各种款式和质地的旗袍，女儿最喜欢看我穿着旗袍和高跟鞋，走路生姿的样子。而做社工的我，一件T袖衫、一双运动鞋、一个双肩包、一辆单车，就是出行的全套装备。"现在也就做培训的时候有穿正装、旗袍的机会。"脚印已经踏遍葛家山村19.38平方千米的土地，连村里的小狗都认识我了，见到了都会摇尾巴。

这样的转变，起因于一场志愿服务——在葛家山村协助乐和乡村建设项目社工设计一档乡村旅游亲子活动，深度了解了社工，认识了乐和理念倡导人廖晓义老师，并于2014年4月，得知长沙县乐和社工协会在招聘第二批驻村社工，想着刚认识这个充满朝气的团队，加上在广州有过10多年做志愿服务的经历，工作点离家近也方便照顾家人，就投了应聘简历，通过面试后参加了为期7天的培训，按照个人意愿分配到距离家较近的开慧镇白沙村（原长沙县白沙镇双冲村）做社工。

非科班出身的我，华丽转身成为社工，由志愿者到专职社工，除了职业的转变，更多的是专业的成长。

社工"小白"的转变：需要满腔热情，更需要扎进乡土，吃"百家饭"、行万里路。

2014年刚入职时，我单纯地以为社工就是拿工资的志愿者，在田园山水间从事志愿服务，把最初的志愿者变成了一份专职工作，充满了激情和斗志。

进村入户走访，调查研究，怀着一腔热情奔走在邻里之间。就在我干劲十足的时候，猛然发现：村民很难一下子接受"乐和乡村建设项目"这个新奇的事物，然而乡村建设最主要的就是村民的全身心参与，如果不能让村民融入进来，工作就难以展开，这个发现成了我的"心病"。由于最初在工作认识上有偏差，加上要照顾身体状况不好的母亲和年幼的女儿，一时间，我感觉力不从心。"小家都没照顾好，哪来的精力建设'乐和乡村'这个大家？"想到自己回乡的初衷，我内心充满了无奈，一度打起了退堂鼓。

2014年7月上旬，北京地球村环境教育中心廖晓义老师手把手地带着我行走在田间地头，"我一重庆老太太，跑到长沙来做乡村建设，长沙的社工有什么理由放弃呢？"曾经在外漂泊18年后回归，对家乡有难以割舍的情愫，没有放弃的理由。与廖老师一周的朝夕相处，调整情绪，重拾信心。

刚进入村子，社工站还在初步建设阶段，村委会没有食堂和宿舍，我们的用餐是每天轮流在村干部家里吃，别人心痛我们吃"百家饭"，其实，在这个过程中，我们与村干部家属打成一片，其乐融融，甚至饭点成了我们的情报信息收集时间；会议室旁边的小黑屋也被我们打扫收拾成了宿舍，唯一一间带有太阳能热水器和盥洗功能的房间一直都留给女士用，哪怕是今天再去，住的人走了一波又一波，那间屋子还保留着我们住过的痕迹：淡蓝色的窗帘，粉色的床上用品，米白色的电脑桌，温馨依旧；入村走访时，中午基本没有时间休息，踩着单车做走访调研，曾经还被三条狗追着跑过，幸好碰到了认识的村民协助驱赶走了流浪狗。

入职社工3个月后，村委会配置了简单的厨房设施，我们开始自己动手做饭。每天骑着单车在村里走访半天后，中午回到社工站，桌子上总有几根新鲜的黄瓜，或者一把新鲜的绿叶蔬菜。虽然不知道是谁放的，可我知道，那都是附近的村民送来的，那些新鲜的果蔬从来没有吃完的时候。在乡村走访的这几个月，村民早把我们当作家人一样看待，当时的搭档是一个"90后"的拆迁户，对于十指不沾阳春水的我来说，做饭是极大的挑战，幸亏搭档擅长厨艺，男士掌勺做饭菜，我负责收拾打扫卫生……物质相对而言是很清苦的，但精神生活很精彩，每每回想起那段时光总是很怀念和享受。

社工理念的领悟：是酵素，不是胰岛素；要造血，不是输血。

走访中了解双冲村的家长在漫长的暑假里并未对孩子制订学习计划而是放任自流时，具有幼师工作经验的我和同事们商量开展"暑假夏令营"活动，让孩子们在活动中学习，在学习中成长。活动对接的支教志愿者是一群没有社会经验的在校大学生，我们不但要在生活起居上照料这群半大的孩子，晚上还要辅导大学生写教案、做教具，常常累得直不起腰。

为期一个月的免费暑期夏令营活动，我们和志愿者劳心劳力，台前幕后，没有任何怨言。活动结束时的汇报演出得到了所有孩子、家长和村委会及当地政府的肯定，但项目主任廖老师在活动结束后很严肃地找我谈话："一腔热情很好，幼教的经验也很丰富，但你要搞清楚社工助人自助的核心理念。我们社工不能替代服务对象去做事，我们应该是帮助孩子和家长共同面对难题，我们要的是村民的认同和接纳，并参与进来发挥主体作用。我们进入乡村系统，是为了能够激活它的文化和组织。试想，社工和志愿者能帮助留守儿童多久？项目结束或者志愿者离开后他们怎么办呢？我们最重要的是建立一种造血机制，永远要做酵素，而不是胰岛素。做胰岛素就等于把别人的责任担起来了。"正是廖老师的教导，让我很快地走上了专业的社工之路。

建设家乡：乐和模式在长沙县扎根

在杨开慧故居，大门楹联上书"忠厚传家久，诗书继世长"，这也是我们祖辈一直拥有的家国情怀。这些悠久的传统文化和理念如何赋能现代的乡村治理？

何其有幸，我能成为一名乡村社会建设的社工，在廖老师及其他专业导师的带领下，走出了属于我的"长沙乐和乡村"模式。

第一个挑战：聚人心，促互助。

问：如何校准乡村治理的基本盘？

答：与其感慨"道德滑坡""世风日下"，不如积极行动，通过"乐和互助会"连接一个个具体的人和需求，营造村民命运共同体。

在我家门口有一条 200 米的水泥路连接到 204 乡道，道路两旁是水田，有人在田埂上种了黄豆，收割完以后总是会有一些杂物落在地上，一到收割水稻的季节收割机碾压过后就会留下满地烂泥。下班后我拿个扫把过去把路打扫干净，妈妈总会在旁边唠叨："就你勤快！那条路根本不用你去扫的，待会儿有保洁员来扫。"因为这件小事，我开始思考社会工作对于乡村的意义到底在哪里。不是个案，在我们当地，公共区域卫生保洁工作是政府出钱请人做的，一直扫到每家每户的家门口。像我妈妈这种原本就是热心肠的人，现在怎么有了这样的依赖、推诿思想呢？连自己的妈妈都有这样的想法，不难理解其他村民这样做：干吗去扫啊？反正有人扫，政府出了钱的！乡村发展过程中有了这样的心态，主人翁意识哪儿去了呢？

当"人民"分散为无组织、无力量的"个人"，就会纷纷找科层体系解决五花八门的"公正"问题。面对高度组织起来却不给自家办事的科层系统，怨言、怨气也情有可原。如此，就出现了"道德滑坡"的大环境。

所谓"道德"，其基础是社区认同、集体主义。没有了社区集体，就没有了"公益"，道德就失去了载体，当然就出现了价值观缺失的局面。

个人利益得不到集体的呵护，自私自利就成为理性选择，"不让自己吃亏"就成为"绝对真理"。自私自利的人越多，私欲越膨胀，人与人之间的矛盾就越多，关于"公正"的信仰就越淡薄，"道德文明"就越少。

政府花 1000 万元为村子修路，但村民会为"我家"被占 1 平方米的土地赔偿金额争讼不休。矛盾不能在社区得到化解，个人只好将诉求对象转向政府。基层政府解决不了，就转向地方政府乃至中央政府。众多的个人，事无巨细都找其实无力办"小事"的科层政府"投诉"。于是，个人问题转化为社会问题，社区矛盾转化为社会矛盾。

记得当时长沙县委、县政府作出打造新农村先行先试样板集镇"板仓小镇"的决策，葛家山村牵涉征地、拆迁、资金分配等一系列问题。村民连家里几片瓦被风刮掉了都往村党支部书记汤长顺家跑。经常是早上 7 时就有人来敲门，晚上 12 点才送走最后一批村民，电话更是一天到晚响个不停。矛盾纠纷最多的时候，汤书记的爱人一个晚上泡了 83 杯茶接待来访村民！2013 年初，汤书记接到一个村民的电话，说自己屋后的护坡被雨水冲垮了，希望村上能帮忙解决。当汤书记火急火燎地开着车赶到现场，一看不过就是挑十几担土就能解决问题，但那个村民宁愿坐在麻将桌上消遣，也不愿意主动去挑土！一方面是我们村干部肩上的责任越来越重，另一方面是村民该做的事却不做，连家务事都"召唤"村干部上门解决。我不知道亲历者是什么感受，但我很清楚，如果我的先生因为工作琐事把村民的家长里短带到家里来让我心平气和地接待，我是没法接受的。一开始我向所有的服务对象提前说明：工作 8 小时以外的时间要允许我无法及时接听电话处理事情。时至今日，下班后回到家的我会很清静，能与家人安享这段时光。

做任何事情的动力来自需求，村民除了物质的需求，还有安全感、重视感、独立感、价值感和成就感的需求。我们说"人人自明其德，村民不是只要物质的满足，这就是社会治理的规律"。不尊重这个基本规律，村民的内在动力就无法被激发。社会工作回到了"人"这个根本上，其高度和深度远远超越了"助人自助"，社会功能恢复的事功层面。而这种把信仰交给自己、相信自己的道德理性，完善了社会工作"助人自助"的理论根基，从根本上回答了人为什么可能会被人助，而要（能）自助的问题。因为人性中有人心向上的内在力量，这种力量似根芽趋光、似水之向下。

随着我在村庄把村民小组的乐和互助会一个个建立起来，晚上经常开会，大家聚在一起商量修路、筹工、筹劳，共同解决公共事项……这些妈妈都看在眼里，我还把互助会的宣传折页、案例等资料带回去给她看。终于有一天，妈妈说："原来不可能发生的事情竟然真的被你们做到了。"

第一次突破：齐行动，办大事。

问：如何调动乡亲热情与行动?

答：与其质疑、埋怨不配合，不如融入其中，扎实调研、了解需求，会聚村民建组织，和乡亲一起解决问题才是王道!

2014年8月，在双冲村工作了三个多月后因为项目需要，调至葛家山村，怀着对双冲村的不舍和对葛家山村的陌生，我并没有退缩。已离开家乡18年又带着建设美好"乐和乡村"的愿望回来了，看着与印象里没有太大变化的葛家山村，我"马不停蹄"地又投入了工作。当然，调回来也有顾虑，担心是自己的家乡，开展工作特别是有利益冲突的时候会受到影响，或者说在家人、亲戚面前放不开手脚做事……所有的担心都在亲人们的理解和领导的支持下成为动力。

前期的走访调研了解到：葛家山村协家组村民出行的唯一条道路路况较差，村民非常希望能将这条泥巴路修好，方便村民正常出行。然而，以前村里搞建设，都是由政府决策和投入的，村镇统筹安排，村民往往不会主动筹工筹劳，而且在修建过程中，出现任何的农田、菜地的损毁，村民都会找政府要求赔偿。

村民们锱铢必较的态度不但阻挠了道路的建设，而且也制约了乡村的发展。当时我是看在眼里，急在心里。作为乡村建设的主人翁，受益的是我们，靠的也是我们。想到这里，又打起十二分的精神和小伙伴们一起不辞辛劳，挨家挨户做思想工作，讲清建设道路的是非利弊，再通过互助会向葛家山村委会提交修建生态路的申请报告，请求村委会给予部分物资支持。"谁受益、谁建设、谁负责"的理念彻底激发了村民建设的热情，按照人均20米的预算划分区域，包括路基的平整、杂草的清除和砾石的铺平，大家同心协力把一条烂泥路修成了生态路。

传说中最难团结的村民小组自发出了180个义务工，组里一位年近70岁的分散供养独居老人还"责怪"我，为什么不叫他一起参与。

乡村社会建设有规律可循，这个规律就是人除了有物质的需求，还有精神的需求和社会的需求，人既需要被服务又需要自服务，人是需要群体和组织的。

在葛家山村昌卜组有一位村民姓罗，我们都叫他罗嗲（方言，大爷的意思）。68岁的罗嗲在当地名气很大，曾经担任过村民组长，人很热心，维权意识也特别强。只要遇到自己权益受损、处理不公的事情，他便写信告状。他不仅为自己写，也为乡亲们写。几年下来，他写的上访信达300余封。在他的带动下，昌卜组一度成为令村"两委"头疼的上访组。2015年1月23日，葛家山村"两委"又收到了罗嗲送来的信，与以往不同，这次是一封情真意切的感谢信。在信中，罗嗲这样说："有上级领导对我困难组的关心，解决了不少困难，出行的路好走了，全体组员表示衷心感谢。"

大家一定会觉得很奇怪：罗嗲为什么会发生这么大的变化呢？其实，罗嗲的变化与我们所执行的乐和乡村建设项目有关。我来到试点村，了解村民需求，激发大家的共同愿景，村民就有兴趣参与，这时候在村民小组成立互助会，让村民在组织中找到自己的位置；并搭建平台，通过互助会和联席会，引导村民积极参与乡村公共事务，最后通过"三事分流"和投入机制改革等方式建立长效的参与机制，让村民在参与中获得幸福感，在参与中共享建设成果。

记忆尤为深刻的是，计划走访那个村民小组的时候，有位年长的村民委员会主任茂叔很善意地提醒我："柳英啊，昌卜组的工作很不好做，以罗嗲为首的一群人就是专业上访户，什么陈芝麻烂谷子的事都会跟你提出来，现在社工项目还在探索期，我们有36个村民小组，你可以去群众基础比较好、经济实力比较强的组去做，会轻松一些，效果也会好一些。"茂叔是为我好，我懂，可工作要是没有挑战又哪来的乐趣呢？何况社工项目本就不是一蹴而就的，当然，社工不是万能的，我们的项目到这个村民小组还真有可能行不通，不管怎样总得去试试。

就是抱着这样的心态，我们做足了前期调研的准备工作，整合了各类能撬动的资源，入户前就做到了心里有底。接下来的工作并不轻松。记得那是第一次到罗嗲家入户探访，刚踏进

为何逐光：社工的苦乐与忧喜

他家的晒谷坪，罗嗲正趁天晴在土砖房顶上捡拾瓦片，看到我的到访晃晃悠悠沿着木梯子下楼来，我赶紧上去帮忙扶着楼梯，直到他老人家安全着地。他是知道我的来访的，因为走访之前我们通过村组干部工作群已告知，并请妇女组织转达了我们确切到访的时间。只见罗嗲悄不作声地走进堂屋后绕进了西厢房，把我留在前坪，出来的时候一手拎着一把椅子，一手端着一个搪瓷缸，腋下还夹着一摞有点皱的材料纸，招呼我坐下后就递上了手持的那个搪瓷缸——赫然满满一碗用我们当地谷酒泡出的药酒，看着手中琥珀色的药酒，空气中瞬间充满了淡淡的草药芬芳和绵长的酒味，罗嗲转身又从堂屋搬出来一个吃饭的桌子摆在坪中，右手大拇指和食指在舌头上蘸点口水就分页翻看那一摞材料纸，找出一张递给我，眼神里透着满满的期待。我接过材料也没细看，直接聊起了椅子和桌子，那是妇女队长告诉我的——罗嗲是个手艺很了不得的木匠师傅。喝着小酒，听罗嗲讲述他的辉煌过往，当我们竖起大拇指赞扬他手艺的时候，桌上摆放着的一摞写着诉求的信纸再也没有被拿走。

　　第二次我再次到罗嗲家的时候，罗嗲把我引进堂屋坐下，一点都不扭捏地从我手里接过刚刚在街上特意带过去的热气腾腾的包子跟他爱人分享，嘴上还不忘叨叨："也就社工看得起我嘞。"接下来就聊起了"社工做不了什么，但一定跟大家一起面对一起想办法解决难题"。第三次再去，罗嗲家坐了很多村民，是罗嗲张罗来的，接下来的讨论很有"罗伯特议事"的感觉，几次有人提出陈芝麻烂谷子的往事，都及时有人指出并制止："今天趁社工在，我们只讨论组上修生态路的事。"

　　……

当项目按照"三事分流"的模式顺利推进的时候，有一天，我正在从山东曲阜回长沙的高铁上，接到了罗哆的电话："柳英啊，这个生态路我们不修了。"带着行李我直奔昌卜组修路现场，施工的村民和材料供货商僵持着，一边是因为砾石大小不符合、含沙量太高要求退货的村民，一边是以倾倒了的石头重新装车运走成本太高不愿让步的供货商老板。问题发生了只能面对和解决，以罗哆为代表的村民看到我的到来心平气和了下来，说："这是修我们自己的路，我们对质量的要求肯定严格一些。"感动的不只是我，供货商老板也主动作出了让步："已经倾倒的砾石折价处理，以后每一方砾石请村民代表跟车前往石料厂，看过规格再装车，磅秤过后村民签字，以后凭这张村民签字的表来兑工程款。"虽然有点小插曲，但这不就是当代建设新农村的场景吗？

第一手沉淀：换人心，办小事，成制度。

"敬—近—亲—情"真心融入村民日常生活：一周5天工作时间，没有一天是坐在办公室里的。每天骑着单车挨户走访，了解乐和乡村建设项目的进展，了解村民的需求与问题，是我的日常工作。风吹日晒，落雨下雪，从未间断。

作为社工，与村民进行深入、真诚的沟通是基本功。这中间也有自己的一些"妙招"：比如年纪轻一点的、没有在家的，我们发个短信问候，或者生日的时候发个祝福，就会把沟通的桥梁架起来；年迈的哆哆（大爷）、娭毑（奶奶），我们进门总不会空着手，顺便在街上带个热气腾腾的包子或者捎上一杯奶茶，对于久居农村的老人，一日三餐的白米饭，除了尝鲜，内心的感觉就是被人惦记、被人尊重。

聚焦生活，开展活动。2014年，葛家山村社建组互助会第一次组织村民义务除草。到了约定时间，现场一片冷清，没有一名村民到现场。我们3个驻村社工，戴着草帽，拿着镰刀，在盛夏的烈日下，先做起来。他们在屋里的窗户后面偷偷看，但是都没有出来，我们也顾不上这么多，弯腰割了两个多小时的草之后，那些偷瞄我们的人开始有了行动，一户家里的门打开了，两户家里的门打开了……村民们带着镰刀来了，拿着扫帚来了……到傍晚太阳快要落山的时候，社建组在家的所有村民都来了，没有安排，父老乡亲们主动把割好的草都处理好了。尽管烈日下的半天劳作，社工们的手心火辣辣地疼，但心里却是一种翻江倒海后朗朗晴空般的清凉。

制定湖南首份"三事分流"清单。在双冲村做社工的时候我心里就在思考：如何才能让政府主抓的工作和村民能承担的事务有效地结合起来，唤醒村民的责任感，调动村民的积极性，使其主动参与进来，共同为建设"乐和乡村"添砖加瓦？村民小组层面缺乏自治组织，因而缺乏处理社区公共事务的能力，一些很小的社区事务和个人事务得不到有效处理便通过上访、积怨、冲突等形式表现出来，当政府很多时候用妥协的方式解决个人事务的时候，往往会引起更多的矛盾和不满。当政府的公共资源（比如扶贫项目、公益性岗位、低保、慰问等）下放到村里时，缺少社会组织的吸纳、动员、执行和监督，不仅没有得到村民的肯定，反而引起更多的矛盾。再者，当政府陷在人手不能及的小事之中，必然影响做大事的执政效率，由此又引起更多的不满。"三事分流"就是社会治理创新的一种探索。直到在葛家山村发动村民筹集义务工修建生态路时，

"三事分流"需要落地这个想法在我心里越发强烈起来。

最初的想法结合工作的实际需要，不断地发酵和膨胀。一边拜访相关政府职能部门，一边耐心钻研乐和理念，并向同事和乐和代表们提出制定《村级日常事务三事分流表》的建议。为了让"建议"贴近村民生活的实际，趁着村民白天忙农活的时间去田间地头围绕"政府应为你提供哪些服务？自己能够承担什么责任"展开口头调研，并记录整理，抓住机会在晚上组织村民展开讨论。

漆黑的夜晚，人生地不熟，有时在讨论过程中，总有老乡提出不相干的议题，或者直接拒绝表态，让我们感觉非常尴尬。记得那时候开会，为了避免村民们在会上提出不相干诉求，我们与村委会干部协商好，村干部都不出席社工组织的这类会议，哪怕我们的会议开到深夜十一二点，走到组上的路口，总会看到书记的车在等我们，只有一句憨憨的："把你送回家大家才放心。"

功夫不负有心人，历时半年将村级事务进行梳理分类，对比材料拟订方案，统计厘清了村委会主抓的事务 164 项，互助会可以做的事务 70 项，村民对应可做的事 164 项，大事、小事、私事都明晰了。《开慧镇葛家山村关于"三事分流、三治并存"的乡约管理制度》在葛家山村党支部、村民委员会、乐和互助会、联村党政干部、乐和社工无记名投票的方式下一举通过，并作为"单体"实验，首次在葛家山村组织实施。

乡约的出台和实施，在我生活、工作的小乡村创造了责任共担的模式，也让自立、互助和公益的公共精神有了生长的平台。

扎根家乡：坚守开慧一线，再拓源头活水

2018 年，因业务主管单位的变更，拨款政策转变和资源不足，整体工作量的增加，工作环境发生了很大变化，我要面对的不单纯是薪酬福利的削减，还有在日常工作中怎么坚守社工的专业价值观的问题，包括怎样尊重服务对象、实践公平原则以及坚持实务的专业自主等。当社工的价值和专业精神受到磨蚀后，我毅然决然退出，迎来了另一个选择：2019 年 2 月湖南启动了乡镇社工站"禾计划"项目，我顺利成为长沙市三和社会工作服务中心的一员，与机构理事长的沟通很愉快，他接受了我继续坚守开慧在一线做社工的选择。2022 年 2 月，3 年项目到期，重新招投标，我所在的开慧镇社工站项目执行方变更为长沙政和社会工作发展中心。初心未改，新的机构老的同事，大家始终没有忘记自己努力的方向，一直"宅"在开慧镇，从事农村社会工作。

新的突破：从助人到自助，以爱暖心，予渔助困境姐妹。

在镇社工站项目上，服务群体聚焦在困难群众。如今的开慧镇，人口数量持续减少，村庄空心化、农民老龄化、农村"三留守"、低保、困境、残障人士等问题制约着乡村振兴的步伐。经过多年的基层调研，越发清楚，社会工作必须面对新的、更加紧迫和复杂的、要求更高的民生问题，并作出更加有效的回应。

在我的身边残疾人、留守妇女、原建档立卡户等困弱群体拥有一颗积极向上、向善的心，但苦苦找不到就业岗位，光靠

陪伴村庄，寻出一个信仰来

政府的兜底保障，很难让生活有新的起色。于是，依托开慧镇及周边乡镇红色旅游资源，将红色的革命精神融入新时代女性文创手工产品中，创作了"棉花坡上开满映山红"等系列毛线钩编产品。

52 岁的雪梅姐（化名），自幼体弱多病，丈夫李 J 是上门女婿，以在当地打零工为谋生手段。两人育有一子，儿子现年 32 岁，身高 1 米 82，于 16 岁那年确诊为未分化型精神分裂症，在发病期有攻击行为，常年需要人看管照顾，故雪梅姐自儿子发病后一直在家照顾家庭。自雪梅姐父亲离世后，因唠叨和猜疑（自述不是猜疑），以丈夫不忠为导火线，夫妻矛盾逐步升级，雪梅姐经常被家暴，儿子病情加重。这些对雪梅姐造成了很大的打击，她见人就难过流泪，精神状态很差，并影响其饮食、睡眠及作息规律，她对外界事情失去兴趣，不知道怎么面对以后的生活。

在受到伤害时，她从未想着去医院看伤或是寻求帮助，每次都是痊愈后再受伤，然后再受伤再痊愈，一直处于隐忍状态，但并没有留下任何受伤证明。其丈夫以要杀死雪梅姐及儿子的恶性方式威胁、恐吓她，她一直认为自己是没有能力与丈夫抗衡的，表现得异常害怕与担心。征得她本人同意，我们提供个案服务。通过倾听雪梅姐的心声，了解她的诉求，疏导其负面情绪，链接资源，协助申请法律援助，提供情感支持；同时与雪梅姐探讨婚姻家庭问题，引导她正确看待自己的婚姻。在与她建立了信任的基础上，一方面通过情绪疏导，让雪梅姐可以发泄内心的情绪，并且运用同理心，让她吐露心声，很好地进行疏导。另一方面，邀请雪梅姐参加"嘤鸣荟"女性就业创业小组活动，学习毛线钩编的技能，并为雪梅姐构建了正式的社会支持网络，让其可以获得社会支持，使她感受到支持和依靠，有效舒缓及减轻其心理压力，与此同时，我们增强雪梅姐在遭受家庭暴力时保护自己的能力，为她提供婚姻关系法律咨询与资源，帮助她提升家庭沟通的能力。

在这种肯定和支持下，雪梅姐慢慢有了新的生活，毛线钩编的手艺技能给家庭带来了一定的经济收入，儿子病情的稳定期也越来越长，能拿着雪梅姐做毛线钩编的加工费独自到距离家 3 千米的超市买回零食与邻居分享，雪梅姐说："十多年了，第一次见到儿子又会笑了。"

葛家山村两个孩子的妈妈陈沙（化名），拿到第一笔毛线钩编的加工费后，在朋友圈忍不住晒了一番，她说在家带孩子的这 6 年，第一次靠自己的双手赚到了钱，很感激有这样的机会……

开慧镇及周边的困难妇女群体通过"霞姑之花"项目居家灵活就业，拓宽致富增收渠道，帮助增收万余元，优化商业及公益资源，经协商后资源捐赠 3% ~ 10% 的收入反哺乡村用于困境老人的慰问帮扶工作，姐妹们实现了从他助到互助到助他的"蝶变"。

从事农村社区社会工作，一定是有所坚持的，包括坚持不断地反思与追问。我们也曾面临很多选择和困惑：包括村（社区）换届选举的时候，领导找我谈话要我转行加入村"两委"，最终我还是赢得了理解，领导尊重了我的选择让我继续做社工；也有领导在推广 App 的时候要把这项任务强加给志愿者，我顶住不止一方的压力，领导总算是没有让这项行政工作落在志愿者身上；也曾直面视力残障人士，在自家的天井用菜刀分解不到 100 斤重的猪仔准备食用，那血淋淋的场景现在想起来都会反胃，但困难群体的具体困难和认知不是靠可怜就能解决的。这种种过往都成为我成长经历中的一部分。

结语：以行走的姿态探讨社工信仰

杨开慧生平事迹陈列馆一楼的墙上"寻出一个信仰来"，7 个大字为这一方红色水土烙印上不屈不挠、无畏牺牲的精神底色。在开慧镇做社工，耳濡目染红色文化，汲取了精神力量。10 年的社会工作从业经历，我考取了社会工作师资格证书，获得了督导资格，但"知道的越多，不知道的也越多"。社工如何成长、专业如何凸显、行业如何发展、困弱群体的尊严如何维护、老百姓的幸福生活如何持续……终将成为当下我们这代社工需要面对和努力解决的问题。

我有一个三个"代表"的身份：社工行业代表、长沙县党代表、长沙市人大代表，有位老师因此调侃我为"新时代的三个代表"。在诸多社会荣誉、称号前，我不停思考如何做好一名社工，利用专业特长和社会联动的优势，积极主动适应人民群众的新需求、新期待，增强开展基本服务的可及性、精准性和公平性，让每一位家乡人感受到大爱小镇的温暖，自觉做共产主义远大理想和中国特色社会主义共同理想的坚定信仰者和忠实实践者，以实际行动诠释心中的信仰，为党和人民的事业奋斗到底。

记得那是 2016 年，市委组织部门需要对参选的人大代表进行资格审查，没有提前通知，联合考察组来开慧镇的时候，我正在赶往机场去江苏出差的高速上。怎么取舍政审和出差这两件事？因为江苏预定次日的社工项目推进会，对社会组织来说，算开疆拓土也好，归筹集资金也罢，都是至关重要的，我义无反顾地踏上了行程。后来听考察组一行反馈，当时把我的服务对象和接触的单位、行业调查了一个遍，大家异口同声地反映我工作态度积极和工作成效明显。这次严格的政治"体检"，也是对我社工从业生涯最直接的肯定和认可。

我的微信公众号叫"开慧行走的社工"。"我是社工——社会工作者，有人说，社工不是说出来的，是做出来的，更是走出来的，用脚去丈量专业助人之路，一路同行"。短短的3行字，勾勒出我的近10年公益之路——给家乡的村民带来安心和温暖，用生命影响生命。

《关于在农村留守儿童关爱保护中发挥社会工作专业人才作用的建议》《关于推进社会工作的发展与社会工作人才队伍建设的建议》《关于政府购买社工服务助力脱贫攻坚的建议》《关于在农村开展"学校社会工作"购买服务试点的建议》……我撰写了15份关于社工和行业发展等行业相关的建议。在我的倡议下，社会工作群众工作方法成为基层工作人员的第一课，拥有20个小时的志愿服务时间成为多地入党的试行条例。

和而不同，美美与共。我热爱的职业——社会工作！值得我继续坚持，用一辈子来诠释"基层社工"这个名字。我也将继续"宅"在开慧镇，充满朝气地行走在乡村，坚守着一个农村社工的初心：三易其主，"和"而不同，美美与共！未来，我也终将要在这个乡村寻出一个社工信仰来！

陌上花开，可缓缓归矣

梁冬慧①

　　在四川省理县近两年的时间，遇到很多人和事，他们从生活和工作中教会我怎么去处理自己的情绪、怎么去为服务对象提供服务、如何跟各单位部门打交道，让我完成从学生到一线社工及机构管理者的角色转变和心态转变，让自己在这个过程中发现了自己，也为以后的职业生涯打下了基础。同时，政府和服务对象的反馈，让我看到和感受到社工在灾区的价值和意义，让我深信，社工是真的可以做到真正为人民服务的——这就是我从小追求的理想。

　　时值端午，广东省连州天气变幻莫测，说不清什么时候晴空万里、什么时候飘泼大雨。半夜，正在酝酿如何去描述自己的生命故事，窗外突降大雨，打断思绪。雨势飘泼，将一天的闷热暂时洗净，心情也从连日来的紧张中得到舒缓。在这30多年的人生中，社工占据了我将近一半的生命时光，陪我度过最美好的青春年华。

---

　　① 梁冬慧，女，中共党员，中级社工师，广东清远市萤光社会工作服务中心理事长兼总干事，连州市第十六届人大常委会委员，中国最美社工、清远市优秀社工。

曾有朋友了解了我的工作经历后说我有点"变态"，在现在这个快餐式的社会，居然可以在一个行业里面坚持 10 多年，而且这个行业还是公益性的。当然，也有人说很敬佩我，十年如一日地从事社工工作，为他人服务。也正是因此，本着做一行爱一行的原则，不管在什么岗位我都追求尽善尽美，这些年也获得了一些认可，如荣获清远市优秀社工、全国最美社工等荣誉称号。

夜深人静时回想，其实每一份荣誉的背后都是追梦的过程见证，哪有什么无缘无故的爱和坚持，每一份工作无非是自我选择、自我疗愈罢了。

童年使命和初心

我出生于粤北连州的一个小山村，当时正是计划生育年代，听我妈说她当时怀我和妹妹的时候都没人来通知说不能生二胎、三胎，就想这是条生命，既然来了就生下来吧。在 20世纪 80 年代末的一个风雨交加的冬夜，我出生了，成为需要交社会抚养费的一员，妹妹则是超生，小时候的我有很长一段时间还以为社会抚养费和超生不是一回事。

因为家里超生，曾担任村小老师的父亲失去了继续教书的机会。没了收入，他又不擅长务工挣钱，日子过得异常艰难，所以每到红薯、芋头成熟的季节，我们的午餐肯定是红薯和芋头。因为家贫，我从小不跟人攀比，为此养成了不吃零食的习惯，不管其他同学怎么说，我都心坚如磐。但我喜欢看书、读书，也深知只有读书才能改变命运，从小也是村里"别人家的孩子"。为了能够有钱买自己喜欢的书籍和文具，我记得从小学二年级起，我就开始自己挣零花钱。当时家里种了不少姜，妈妈不喜抛头露面去集市上售卖，就跟我说要卖的话就自己拿去卖。初生牛犊不怕虎，妈妈教会我怎么看秤后，我就带着几斤姜，跟着爷爷在圩日的时候去摆摊。人来人往，战胜了恐惧和不安，我第一次出摊卖了 5 块钱回来，并用它给自己买了文具。这是我第一次通过自己的劳动买了自己喜欢的文具。这次经历鼓励了我，让我觉得自己是能自力更生的，以致后来我一直坚持自己挣零花钱。如叔叔家盖房子时，我们小朋友放学后和周末都去帮忙搬砖头挣零花钱，跟爷爷去山里采药材去连州卖，跟姐姐们去挖茅根、拔田基草，换来的钱就用来买文具或去旧书摊淘书。正是这些童年经历造就了我独立自主的性格。

在我的印象中，因为姊妹多，父亲外出打工挣钱，母亲则留在家里种田和抚育我们，农忙时节就去附近乡镇做临时工，帮别人插秧割稻子。但随着我长大，要读书，家里还是入不敷出，我们姐妹每年都需要赊学费才能入学。为了减轻家中负担，大姐小学没读完就去连州打工为家里人分担压力，家里条件才改善一点。

步入青春期的年龄，为了避免因女孩子身份给家里带来闲言碎语，我的朋友圈开始仅限于女生，也因此很少与男生交往，这种情况一直贯穿我的整个九年义务教育阶段。为了向上的目标，我不断努力，小学毕业时，妈妈跟我说："大姐小学没读完去打工，你现在读完小学了，要不你也去打工吧。"我拒绝了，坚决要求读书。爸爸说，行吧，你喜欢读书，我们就供你，供到你不愿意读为止。大姐也是如此说。我能理解妈妈的用意，但我深知只有继续读书，我才能改变命运，才能实现自己的理想，才能改变家里的状况。

在爸爸和大姐的支持下，我得以继续读初中，初一时就经历了内宿班和外宿班的学习和管理，看到自己中等偏下的成绩，感觉距离自己当年定下的目标太遥远了，于是升初二时，我鼓起勇气找到陈建英老师，跟她说我想去她的班级，因为她带的班是全年级综合实力最强的班级。犹记得她问我为什么想去她的班级，我说我数学成绩差，她带的班优秀，尤其是数学年级第一，而且管理很严，我想提升自己，争取进步。也许是她看到我坚定的态度，询问了我几个问题，我都一一作答了，于是她答应了我，希望我好好珍惜机会。因为中途转班流程有点麻烦，当我问她那转班手续怎么解决时，她说她帮我解决转班的事情，叫我只管努力学习。这是我第一次大胆地在外面为自己争取向上的机会，而且成功了。因为陈建英老师的肯定和鼓励，造就了我遇事勇敢争取、坚定不屈的性格，也让我明白了一个道理，只要你足够努力，总会有人愿意来帮你。

青春行动，践行公益

2005 年，我以 17 分之差，没能进入本地重点高中连州中学。这一年，家里依然穷困，妹妹也要开始读初中了。妈妈说，初三读完了没考到连州中学，可以去打工了吧？我依然拒绝了。后来家里人问我那是选择复读还是缴纳择校费去连州中学，考虑到无论是复读还是择校去连州中学都需要付出很大的经济成本，家里本就经济困难，我去了连州二中。我想，只要足够努力，在哪儿读书都一样。记得当时还看到一句话：人去到什么学校都是一段缘分。

在中考后等待入学的这个暑假里，大姐叫我去做暑假工，但不允许我进工厂做，只去做与人打交道的工作，说是要我锻炼一下口才。其实当时我心里还是有点忐忑，哪里能有这么合适的工作？但为了给家里减轻负担，也不想让姐姐失望，我答应了。借住到小姨家里，自己一个人去街上找工作，只要看到店铺门口贴有招工信息，就厚着脸皮进去问，找了一天，毫无收获。正当有点泄气的时候，看到一家特卖场在招工，我抱着最后一点希望进去问，没想到成了。仍记得当时的待遇是包吃包住500元钱一个月。这次经历让我感受到坚持的力量，有心人，天不负。

面对这第一份工作，我觉得自己啥都不会，不敢开口，尤其是见到男性顾客，不知道该怎么办，因为没卖出单，第一天挨了老板的批评。为了不再挨批，我就自己观察，看看其他人是怎么开口怎么介绍的，不懂就问老员工。在那个假期，我见过各色各样的顾客，学着老员工的样子去处理问题，也曾因差点出现销售事故被老板骂，那个晚上自己躲到最里面的角落悄悄哭，发泄完委屈的情绪，第二天又重新打起精神，告诫自己不能再犯错误。经过一个多月的锻炼，自己不再担心与人交流，不管是同性还是异性，年长的还是同龄的，都能交流自如。每次回想起这段经历，都非常感恩当时大姐对我做暑假工的硬性要求，不然也没今天的自己，也真的很感谢那段暑假工遇到的人和事，帮助我更好地成长。

有一次，特卖场里的收银阿伯闲着无事要帮我看看手相，他看完后跟我说："阿慧呀，你是个劳碌命，不过到老的时候就好了，可以享福了。"当时我听完心里一慌，完了，要到老才能享福，这怕是得要更加努力学习吧，得给自己改命才行，不然劳碌一辈子怎么办？这再次激发了我努力向上的决心。

读高二的某一天，有个初中同学跟我说："梁冬慧，你变化好大，跟初中比完全像变了一个人。"听到她这么形容，我笑问："是吗?"表面上云淡风轻，脑海里涌现的皆是暑假打工的画面，也是在那一刻心里坦然了。进入高中后，我在班里积极担任班干，高二担任班级团支部书记。时值3月，各级倡导学习雷锋精神，我想大家都去校门口清扫马路，好像除了完成任务，没什么深层的意义。要做就做好一些，我花了点时间去市中心到处走走看看，想获取一些灵感。路过市特殊教育学校时，我想，要不组织班级同学去特殊教育学校做志愿服务？但又怕同学们接受不了。于是自己一个人去特教学校跟老师接洽，了解特教学生的情况，然后我们在哪些方面可以做什么志愿服务。现在回想起来，从社会工作的角度来看，我当时其实在做需求评估。跟学校沟通好后，我回班级跟班上同学们说了志愿服务计划和内容，大家感觉很新鲜，毕竟不用和其他班级一样去扫大街，于是获得了全班同学一致同意。

这次志愿服务给同学们带来了很深的震撼，大家都没想到在市区繁华地带居然有这么一个场所，服务着这样一群特殊的孩子，这次活动让大家深切感受到志愿服务助人的意义。而我本人也在这次成功的组织中，感受到被认可的喜悦，也希望以后能够有机会做更多有意义的公益行动。这也许为我后来从事社会工作服务埋下了伏笔。

2008 年高考前一个月，汶川发生特大地震，我们作为政治班的学生，第一时间关注到这个重大事件。我每天都是一边吃饭一边看新闻一边流泪。当年刚好有个笔友是在成都读大学，在刚地震的头两天因为信号问题联系不上这个笔友，我心里十分担心。后来，我跟爸爸打电话说："爸，我不想参加高考了，想去汶川做志愿者，去救灾。"我爸听了后没有急着拒绝我，而是跟我说："你想去灾区救灾这个想法很好，有责任感，如果你确实想去，那我也支持你。但你要想清楚，你现在还有一个月不到的时间就要高考了，你现在去灾区能不能帮得上忙？如果不能，那你高考也错过了，忙也没帮上，就是两头空。"

听了爸爸的话后，我冷静下来想了想，确实是会出现爸爸说的那种情况，自己刚成年，没经济收入，去那么远，费用也是一个问题，自己会不会变成别人的负担？到时家里人也会担心自己。要不先好好备战高考，如果确实有需要，高考完再去也不迟。自此，我安心备考，虽然十分关注灾区新闻，但不再冲动。这是我与灾区最开始的缘分联结。

异曲同工，筑梦社工

经过 12 年求学，3 年体质训练，还是无缘警校或当兵，为了能实现童年树下的为人民服务的理想，曾想过报考法律专业，但一想到要读 5 年，自己的成绩能选的学校也不多，似乎也不现实，一边填志愿一边挑选，最后选择心理咨询专业为第一志愿，希望将来能帮助更多人疗愈。

因志愿填报时服从调剂，被长沙民政职业技术学院青少年服务与管理专业录取，没想到入学军训完毕，学校就把这个专业给撤了，增设人力资源与管理专业。我曾想过转到这个专业，但需要增加 1000 元学费。因为不想增加大姐的负担，不得不服从学校的安排被调入社会工作专业。说实话，当时我都不知道社会工作专业是啥，听都没听过。因为原来的专业撤销，我们全班人都有情绪，不想转系。稀里糊涂过了一个月左右，突然觉得这么吊儿郎当下去好像不对：学费交了，连自己学的专业是啥都不知道，有点不像话，也对不起大姐辛苦供自己读书。这么一想，就决定还是既来之，则安之吧。后来在系里举办的各专业介绍活动时，认真聆听了社会工作这个专业的介绍，当听到老师们说这个专业是助人自助的专业，好像和我要实现的为人民服务这个最终目标异曲同工，感觉也不错，"那要不就好好学这个专业，以后从事这个职业来个异曲同工吧"。人就是这样，当一件事一想通，行动就开始变得高效了。这个转变让我自此与社会工作这项助人的事业结下深厚缘分。

犹记得学校在影剧院上新生第一课时，现场连线我们社工系在理县灾区的援建队伍，反馈他们在灾区支援的工作情况。大地震虽然已经过去几个月，但成功连线后，通过屏幕看到师兄师姐们在灾区的环境，还是忍不住泪流满面。后来听说系里每年都会派一批学生过去接手援建工作，把师兄师姐换回来，我多希望自己也有机会能成为其中的一员。从此，我发自内心接受社会工作这个专业，不再觉得被调剂过来是受委屈了。这次现场连线真的是一次超级棒的生命教育和职业教育，以至于我整个大学期间，不仅认真接受了系统的社会工作专业知识学习，同时也报考湖南农业大学社会工作专业本科，大三就提前完成了本科学习。

在长沙民政职业技术学院求学期间，为了更好地服务有需要的群众，我一边勤工俭学，一边努力提升自己。为了提升自身综合能力，在院级和本系的所有社团招新期间，我几乎把简历投遍了所有社团，最终参与的社团达到十余个，学生会、专业社团、兴趣社团等都积极参与，并担任一定的职务。曾有人问我："冬慧，你报了那么多社团，能兼顾得了吗？"我仍记得当时自己是这么回应的：只要会议时间和活动时间不冲突，完全可以兼顾得了的，当难以兼顾时，也就是需要自己去思考如何平衡自己的时候，或是在此过程中需要去学会作出取舍。直到大三，我坚持参加的社团依然还有五六个。有人说："梁冬慧，你精力太旺盛了吧，这都可以！"我想，谁都可以的，只要你想。

整个大一学年，跟着老师或各社团的学长学姐四处做志愿服务，有时前往社区为困境儿童进行爱心补课，有时前往残疾人家庭进行志愿服务等，寒暑假则回家乡就近前往连州福利院进行专业实习。除此之外，我在大一时就自己争取机会参加大二学生才有机会参加的湖南省大学生社工技能大赛，拿了团队一等奖。

大二开始课后到湖南省戒除网瘾工作室做热线电话志愿者，为有网瘾的青少年提供服务，暑假则在我们系主任史铁尔老师的推荐下，与同学一道前往江苏扬中进行专业实习。在扬中实习的这个暑假，因为有姚琴老师手把手的指导，我的专业能力得到迅速提升。由于实习期间表现出色，实习单位对我们给予了额外奖励，这大大增强了我们的专业信心。我一直认为，作为一名社会工作者，志愿服务是培养社会工作理想和信念的重要载体，也是夯实社会工作专业基础、弘扬志愿服务精神和社会工作精神的重要阵地。

我整个大学期间都很忙，不是在兼职，就是在参加社团活动的路上，有时候也会很累。每当出现想放弃的负面情绪时，我就告诉自己，这是你自己选择的路，没有人逼你，你自己要对自己选择的路负责。曾有学弟很好奇地问我："姐，你不用上课的吗？每个星期都神龙见首不见尾。"正是因为他的好奇，才让我回顾总结自己的校园生涯：在校两年多的时间，虽然很累，但很充实，也收获了一些荣誉，获得院系师生的认可，如优秀团干、系社工专业案例比赛二等奖等。在参加社团活动过程中，我逐步学会了取舍和平衡时间，也让自己越来越清楚自己想要的是什么，这一点非常重要，我想也正是因为这段社团经历，为我后来创办社工机构时能够承受巨大工作压力奠定了基础。

圆梦灾区，为民服务

2010年10月左右，我们开始为阶段性实习做准备。按照长沙民政职业技术学院的专业成长机制，大三第一学期就要开始阶段性实习，第二学期毕业实习。基本上开始阶段性实习后就不需要再回学校了，直到返校论文答辩。为了圆高三时的灾区志愿服务梦，我一直都优先留意灾区社工实习岗位招聘。当时刚好世界宣明会青海玉树灾区的服务站点在网上发出了实习生招募信息，我立即投简历并通过初选，进入视频面试，但很遗憾最终没被录取。不过，我没因此放弃，依然优先选择前往灾区的社工岗位。就在以为可能没法实现这一愿望的时候，长沙民政职业技术学院在四川省阿坝州理县灾区设立的社工专业实践基地——理县湘川情回校招聘。我第一时间投了简历，经过初试和面试，顺利获得前往湖南对口援建的理县从事灾后重建的社工服务机会。

现在想起，心里还是觉得自己很幸运。当时面试有几十个同学，只招 8 个人，虽然自己专业实践经验不少，但因为很多同学平常的专业成绩都比我好，所以还是很有压力，自己都觉得没把握能前往四川灾区工作，因此录取结果出来的时候，心里的感觉就是梦想实现的样子。这次签订了一年的服务协议，这是我第一次真正意义上走向专业社工岗位。

2010 年 11 月，我在没告知家人的情况下，和另外 7 名同学一起坐上了前往成都的绿皮火车，经历了近 20 个小时的车程，终于到达成都，然后转车进理县，一路上看到两边山体的地震痕迹、堰塞湖，大受震撼。这是跟看电视新闻画面不一样的感受，我的眼泪忍不住溢满眼眶。在进入汶川时，我留意到坐在后面的妇女开始抽泣，我想，这也许就是有着不可言说的地震故事的主人公之一吧。理县现在也是这样的吗？带着疑问与好奇，一路到达理县。第一感受，跟老家一样的山，唯一不同的是理县的山更高，植被更少，震后的山体裸露，让人有种凄凄惨惨戚戚的感觉。

湘川情一共两个站点，本部在理县福利院，在薛城镇还有个社工站，我被分到了本部。到达理县的第一天，因天气严寒，院内水管被冻住了，得去外面提水回来洗漱，听师兄师姐们说，这里天气严寒，时有没水洗澡的情况出现，而且就算有水，也不能天天洗澡，太冷了。对于我这个一天不洗澡就不舒服的广东人来说，我不知道自己能坚持多久。到理县的第一个晚上，有余震发生，我们几个刚来的同学因路途奔波劳累，睡得很沉，一点都没感觉到，天亮后听到师兄师姐分享夜里余震情况时，我想，幸好这余震级别不是很高，不然连怎么"挂"的都不知道，没想到刚来就距离危险这么近。在这个小插曲中，我在理县的实习生活也由此拉开序幕。

在理县我一共待了近两年，从阶段性实习到毕业实习再到毕业留岗，一路学习一路成长。到岗初期，师兄师姐们带我们熟悉工作后就陆续返乡，我们开始独立开展服务。为了能更好更快地融入环境，与群众交流顺畅，我努力提升当地各种方言的听说能力，可惜我没什么语言天赋，初尝开口说理县话，真的挺难的，自己都觉得学得不像，反倒是福利院的老人家鼓励和安慰我不要急，慢慢学。不过随着时间的推移，从一开始的普通话加手脚并用的沟通，慢慢地变为用蹩脚的理县话沟通，到后来可以完全使用理县本地话沟通，算是跨越了语言关，跟服务对象的关系自然拉近了很多，让我今后无论是开展学校社会工作服务还是农村社会工作服务，甚至开展行政工作的路上少走很多弯路。

由于人手少，每个岗位的同学工作安排各有侧重，平时互相支持、互相鼓励。我重点负责杂谷脑小学的工作。由于小学有好的基础，我很幸运地能够运用社会工作视角开展了很多创

陌上花开，可缓缓归矣

新性的服务，如关注小学生生活能力的生活技能大赛、留守学生的课后电影院、生命教育、社工信箱、幼儿园社会工作服务等，都获得了学校师生的支持和肯定，每周的社工信箱都装满学生的信，课后孩子们都爱来社工办公室，大家的信任让我收获满满的价值感和成就感。和负责农村服务的同学下乡开展服务时，我们打造了第一支村级志愿者服务队。村里民风淳朴，我们每次下村服务都自带干粮，村里的志愿者骨干经常跟我们说："你们帮我们那么多，到家里吃饭就好了，不要带方便面了，没营养。"诸如此类的社工与群众的双向奔赴常常发生，让我们十分感动，对社工这份工作的情感也在理县大地上越扎越深。

我一直在做专业服务，在师兄师姐们返乡前，王松老师找到我，希望我能承担起中心的出纳和团务工作。团务工作对我来说没难度，因为在校期间也做过，但出纳就从没接触过，我刚开始是拒绝的，害怕自己做不好，毕竟家里条件不好，因为是跟钱打交道，怕有损失承担不起，希望他能选其他同学。王松老师就耐心地跟我解释，因为其他同学都不愿意，这出纳工作也关系到机构正常运营，希望我能承担。听完之后，我考虑了一下就答应了。第一次独自去取 3 万元备用金，因为对 3 万元现金的数量是多少没概念，心里很害怕，带上各种装备，生怕钱弄丢了，结果在柜台上拿到钱的那一刻，傻眼了，以为银行少给了自己，差点闹出笑话……从此之后，我承担的工作越来越多，其他同学上班的时候我上班，他们下班的时候我还要上班。有一次，有同学问我，二姐，你怎么那么二，给你安排啥工作都答应，不累吗？我想，怎么会不累呢？那我不承担，没人做呀。做出纳做得让我感觉最崩溃的一次，是我拿着备用金从银行出来后，看到环卫阿姨在扫地，我跟自己说："以后哪怕是去扫大街，也不要再做出纳。"现在回想起来，真的非常感谢在理县的经历，为我后来返乡创业打下了基础。

临近毕业，学校财务部给我打电话，催我回学校交学费，但我人在四川，又还没存到钱，眼看缴费期限越来越近，后来厚着脸皮给姚琴老师打电话，请她借钱给我帮我去学校财务部交学费。她听后二话不说，立即安排，终于在截止日期前帮我交清学费。自始至终，姚老师从没问过我什么时候还钱，我心里除了感激还是感激。当别的同学吐槽学校各种不好的时候，我是发自内心地感谢长沙民政职业技术学院，有这么多好老师，他们不仅从专业上引导我，更是在生活点滴里用行动指引我为人处世，这深深地影响着我，到现在为止，我对长沙民政职业技术学院依然充满着深厚情感。由于在实习期间各方面表现不错，我被推荐为长沙民政职业技术学院社工系的优秀毕业生。

2011年底，我们的服务到期，人人都选择回家，此时正值机构需要人，史铁尔老师和王松老师都找我，问我能不能留下，因为机构还需要人，一时之间也没人接手这么多工作，还得需要人来带一带本地输送到长沙民政职业技术学院的社工学生。考虑到各位同学都选择了回去，我手上负责的工作确实不少，如果我也走，就只剩一个师弟在，他一个人确实难以支撑整个机构的事务，其他服务点的学姐也没法抽回来接手工作，机构就很大可能会面临暂停运营的命运。再者，想到学校老师在自己有困难的时候毫不犹豫地帮自己解决困难，现在机构遇到困难，好像自己不留下，有点说不过去。思及此，最终决定答应多留一年。年后，我开始担任中心主任助理一职，从此，机构本部就只剩我和师弟两个人相依为命，我除了做好服务岗位工作，也开始走上了管理岗位，协助主任做好各项管理工作。

2012年，援建队已没有经费继续提供给湘川情，需要湘川情自己寻找出路。我评估了一下账目，发现我们现有的经费已经剩下不多，得想办法筹措经费，不然支撑不了多久。从此，我给自己又多安排了一项工作，就是想办法创造收入。为此，一有空我就浏览行业发展信息，留意是否有项目可以申请，以期维持机构运营。

努力付出总有收获。有一天看到中华儿慈会在网上发布"童缘"项目，面向全国征集。我看了要求，抱着试试看的心态，向"童缘"项目组投了"理县残疾儿童社会融入项目"。这是我第一次写项目申请书，因为从没接触过，我就翻出以往王松老师写的项目书资料学习，模仿写法，思考表达用语。担心老师批评自己刚毕业自不量力，都没敢跟他们说这个事，等了大概一两个月，看到公示结果，知道顺利进入答辩阶段。当时的心情，感觉跟高考查成绩一样激动，以致我第一时间给王松老师打电话报喜的时候，都激动得说不清，王松老师以为我骗他，当我把公示结果发给他的时候他才相信。激动过后，我把项目书发给他修改，在他修改润色下，项目更完善了，后来顺利通过答辩获得10万元的项目经费。这笔经费后来也成了机构过渡很重要的一笔费用。

正当一切都向好的方面发展时，大姐给我打来电话，说妈妈摔断腿了，要有个人回去照顾，不然只有父母两人在家不放心，现在就我的工作还没稳定下来，她希望我回去照顾。这个消息真的如晴天霹雳，家里姐妹都已在省外定居发展，只有自己身份稍微灵活些。真的很纠结，一边是家人需要照顾，一边是工作承诺，进退两难，但最后还是满怀歉意选择跟领导汇报表达需要提前结束工作返乡的意愿，但临时又没人接手工作，最终经过商议，一致达成了先批假期让我回去探亲，8月带完实习生再返乡的意见。为了后续更好地交接工作，我探完亲返岗后开始逐步整理自己手里的工作资料，心里或多或少都有些遗憾。

其实，整个过程真的是再多的文字都难以表达的，领导在学校，只能远程指导，团队又只有我和师弟两个人，原来几个人的项目工作又全部都落到我手里，账上又没什么钱，心理压力很大。虽然我知道机构领导层有能力不会让它垮，但我还是一直都很担心它会垮在我手里。直到这个10万元的项目申请通过后，自己才安心一些。在当主任助理的这段时间里，我也明白了一个道理，在其位谋其政，不在其位感受不到其中的压力，虽然自始至终领导也没跟我提过需要我去筹措资金，对机构生存负责的要求，但我想，既然承担了这个主任助理角色，就应该对机构负责。

当年暑假，理县灾区本土社工学生被学校安排回来参加社工专业实习，在王松老师的指导下，我带他们开展社工服务，为培养理县本土社会工作人才做准备。那段日子是我最艰难的时候，仅这个暑假，因同时带16个社工实习生，我瘦了大概

10 斤，整个人瘦到都不足 80 斤，皮肤晒黑许多，真是应了"又黑又瘦"这个词语，但内心很充实，也希望在自己离开理县之前，能为机构站好最后一班岗。

离开理县前夕，我几乎把这一年多走过的路重新走了一遍，回忆过往的时光，甚是留恋。"你们来自五湖四海，真是缘分啊！你家里是广东的，南方适合你发展，谢谢你们一直以来为我们这里做的工作。"当地文化传承人苏叔叔边说边为我献上了哈达。我知道这话不仅是对我一个人说的，同时也凝结着对过往社工们的心意，表达了对我们这些从湖南来的社工的深情厚谊。心里一直非常感动，这条哈达我也珍藏至今。

在理县近两年的时间，遇到很多人和事，他们从生活和工作中教会我怎么去处理自己的情绪、怎么去为服务对象提供服务、如何跟各单位部门打交道，让我完成从学生到一线社工及机构管理者的角色转变和心态转变，让自己在这个过程中发现了自己，也为以后的职业生涯打下了基础。同时，政府和服务对象的反馈，让我看到和感受到社工在灾区的价值和意义，让我深信，社工是真的可以做到真正为人民服务——这就是我从小追求的理想。

返乡创业，社工开荒

2012 年 8 月结束在理县的工作，我返回广东。曾想过到珠三角工作，可能是在理县习惯了慢生活，珠三角的快节奏让我一时难以适应。一次拜访曾一起在北京参加培训的广东省民政厅领导时，他问我愿不愿意回家乡做社工，我以为他是说连州有社工岗位了，当即回应说愿意，没想到他指的是隔壁阳山县在组建社工团队。经过一番思考，看到清远在社工方面与发达地区存在的巨大差距后，我还是决定选择放弃珠三角的优越条件，跑去深圳面试。当机构负责人听到我是刚从灾区回来，有近两年灾区工作经验的时候，虽然我还未考取全国社会工作师资格证书，他们还是选择当即录用我，并委以重任，让我担任了阳山县铭晨家园社会工作发展服务社第一任主任，面试后的第二天就跟他一起到阳山报到，成为阳山第一批社工。在努力推动阳山社工行业发展之余，我充分运用业余时间为阳山志愿者提供能力培训等志愿服务，助力阳山志愿服务的发展。应该说，这份工作是我毕业后真正意义上的第一份工作，我也深知这次面试的成功是基于我在理县的经验积累，更源于自己当初不怕苦不怕累，什么岗位工作都任劳任怨，勇敢尝试，让自己锻炼成全方位发展的综合型社工人才，所以我倍感珍惜。

在阳山的第一个月，一边处理机构注册事宜，一边带领团队日夜加班，协助阳山县委、县政府执行全省山区县农村综合改革现场会，重点将社工服务纳入县、镇、村三级社会综合服务网络，让群众在网上就可以申请社工服务，并在现场会上做社工三级服务网络服务讲解，让网络增强社工服务在山区的活力。此次现场会，让县委、县政府看到我们社工团队的专业素养、干劲和能力，获得了现场各地领导的认可，同时也使我对本地山区县有了更深的了解。为了把社工服务做得更好，我的服务理念与机构领导的理念出现了分歧，没法求同存异，于是，我把机构带上正轨之后选择了离职。

一个故事结束，意味着一个新故事的开始。离职后我顺势休息了一段时间，让自己好好思考一下自己该做什么。考公务员？没想过；转行？好像自己除了社会工作，其他的专业什么也不懂，再去珠三角？不想过早六晚九的日子。如此，要想继续做社工，就只能自己办机构，但自己要钱没钱，要人没人，要场地没场地，注册机构的几大要素都不具备。在混沌中迎来了2013年春节。过了春节又是新的一年，总不能一直失业吧？到高中语文老师家里拜年时，她关心地询问我的工作情况，于是跟她分享了自己当时的状态，她说："要不你回学校试试吧。"当时学校校长已经换了几任，我都不认识，但老师说，万一成功了呢？等到学校开学后，我抱着试试看的心态返回高中母校，很幸运的是学校团委书记还是我当年读书时的书记，跟他说了我的想法，他二话不说就带我去拜访校长。那天下午，跟校长聊了挺久，最后他说："社会工作呢，我在广州参加培训的时候听说过，但不知道具体是做什么。这样吧，只要是对师生好的我就支持，场地我愿意提供给你，就当母校支持学生创业。"听完校长的话，我真的激动不已，眼泪都差点忍不住要流出来。我想，一定要做出个人样来，才能对得起母校的支持。

随后，联系大学同学和小学同学以及本地公益人，组成团队，筹备注册连州市萤光社会工作服务中心。一边搭建办公阵地，一边筹款，一边递交资料申请注册。真的挺难的，从理县回来时两手空空，工资都用来还学费了，全身的资产就只是一台笔记本电脑，没存款，在阳山工作的三个半月也是"月光族"，以致注册资金都是从亲戚、朋友那儿东拼西凑借来的。办公室得到母校的支持解决了，但办公设备设施又是一个问题，怎么办？又抱着试试看的心态找学校领导，最后从各个办公室找了些闲置的旧桌椅回来，拼凑成最原始的办公室，需要打印资料就跑到学校办公室去打印。现在回想，真的觉得要是放在现在可能都吃不了那个苦。而且，本计划是在连州登记的，但在登记注册的过程中，工作人员说没有先例，不知道怎么操作，叫我去清远咨询。后来回想，当时自己真的太年轻了，本来他们一个电话的事情，结果我硬是坐了三个多小时的车到清远市民政局咨询，咨询完毕，我想与其跑来跑去，不如直接在清远市民政局登记。于是说干就干，直接在清远市民政局递交资料进行申请，注册地址放在连州市第二中学。也许是经历的苦难太多，所以十分珍惜。

就在等待注册批复期间，雅安发生地震，也许是理县灾区的情感联结，我第一时间做了两件事，一是跟学校汇报在地震遇难者"头七"的时候，组织学生举办一次默哀祭奠活动，借此对学生做生命教育引导，顺利获得了学校的支持。当晚一次有仪式感的默哀，让参与活动的师生都感动不已，泪流满面，大家感受到生命的重要、家国情怀的联结和传承。这次活动奠定了我在校内开展活动的良好基础。二是第一时间联系广东省社工处、省社联，主动提出到前线参与抗震救灾工作，后来加入了刘静林老师组建的救灾团队——（雅安）广东社工站，进行为期半个月的灾后社工志愿服务，没想到能再次与曾在理县服务过的师姐搭档。其间，住帐篷、余震……环境确实比在理县工作时恶劣，真正体验到了灾区受灾前期的困难，但由于有户外运动经历和灾区工作经验，还是能迅速进入状态，主动用专业知识为灾区人民提供灾后心理援助、社区家园重建

陌上花开，可缓缓归矣

等服务，用行动践行社工担当。

念念不忘，必有回响。救援行动还没结束，就收到了清远市民政局的电话，告知清远市萤光社会工作服务中心的申请注册通过了，可以去领登记证书。清远市萤光社会工作服务中心成了清远最早一批社工机构。自此，我担起连州社会工作行业发展的先行者、开荒牛角色，成为连州社工第一人。

从雅安回来，我积极拜访政府各部门，宣传社会工作这个行业和职业，发现在拜访的领导中只有一位曾去过香港交流的领导听说过社会工作。这让我意识到，社会工作这个行业在连州是个空白。自此，我开始思考到底要怎么样才能让更多人听过社会工作，知道社会工作，区分社工和义工？同时，也深刻意识到，仅靠自己一个人是远远不够的，需要组建服务团队。但是机构刚成立，没有经费，招聘不了社工，我得事事亲力亲为。有一天在跟王泽淮老师打电话时，聊到人员的问题，他说："这样，这个暑假我给你送几个实习生过去，帮你起步，你看看到时能不能留住人，实习期间，解决他们的吃住问题就可以。"我一听，二话不说要了六七个实习生，回头才想起自己没钱，到时暑假这么多张嘴巴该怎么养活呢？走一步算一步吧，这时候我的目标是希望机构最起码要存活半年。

之后的日子，一边等待暑假，一边在学校开展活动宣传造势，组织培养学生志愿者。也许是坚持打动人，新鲜吸引人，校内活动氛围越来越好。这些变化也让我自己备受鼓舞，增强信心，让我不由得想，也许机构存活目标可以放得更大一点。但困难和挑战还是来了——暑假，由于实习生多，很快自己身上仅有的钱都用完了，吃饭的问题无法解决。那天夜里，等实习生都去休息了，我独自一人坐在学校篮球场，一边想解决方案，一边忍不住哭了，直到凌晨。虽是夏天，但后半夜的月光还是有点清冷，照耀着自己孤零零的身影。实在太难了。哭完后，擦干眼泪，我给自己打"鸡血"：总会有办法的，天亮后见招拆招吧。也许是深入骨子里的倔强，从小养成不轻易言败的性子，我装作平常的样子，不想让实习生们知道我目前的窘境，就给小姨打电话要餐费。所幸，妈妈的姊妹都很团结友爱，连带我们这些后辈都受益无穷。在小姨的支持下，我带着实习生走过了这段困难的日子。我想，以后再难也不会比这个时候更难了。

也许上天垂怜，感动于我对社工事业的执着。在我积极主动去清远、连州两级政府相关部门和群团组织拜访时，哪怕被拒绝了，我还是厚着脸皮宣传社会工作、普及社会工作知识，尽量挖掘各类资源。最终，功夫不负有心人，用真诚打动了连州市妇联的领导，她说："这样，小梁，我也不懂什么是社会工作，既然你把社会工作说得这么好，刚好我们有个儿童之家的项目，经费不多，交给你做尝试，让我们看看你们社工是怎么开展工作的。"就这样，获得了第一个购买服务项目。从此看到了希望，让我觉得机构活半年不成问题，也许还可以走得更远。后来，连州市社工委也为我们提供设备支持。就这样，在单位部门和亲戚朋友的支持下，机构度过了成立初期最难的阶段，算是迈出了创业的第一步。这一年，我被推选为清远市首届"幸福清远·最美青工"，获得清远市政府新春座谈会的邀请，作为优秀青年代表跟清远市领导面对面交流。新春座谈会晚宴上，当我与清远市市长交流时，他说："你就是梁冬慧

陌上花开，可缓缓归矣

呀，我看过你的故事，你是从灾区回来的，确实很优秀。社会需要你们，好好干下去。"领导的认可，也让自己更有信心坚持下去。

不忘初心，陌上花开

你若盛开，蝴蝶自来。过去的 11 年，我深入学校、社区、农村，为青少年、妇女儿童、残障人士、长者等有需要的人群提供灾后服务、生命教育、心理健康等专业服务，推动服务专业化、本土化、项目化和阵地化管理，引导学生报考长沙民政职业技术学院的社会工作专业，为连州培育社工人才。一步一个脚印，走的每一步都踏踏实实。

第一次让我坚定信念继续坚持在连州做社工是在 2014 年。我清楚地记得，2014 年 11 月 11 日，出入学校必经之路的南津路口发生重大交通事故，有 6 名学生受害者是二中学生。当时我正准备从乡镇赶回学校，就接到学校领导的电话："冬慧，有没有在学校？麻烦你回来给学生做心理辅导。"进驻学校一年多来，这是学校领导第一次主动给我打电话求助。这个电话让我意识到，其实学校领导一直都在默默地关注着我这个中心的发展，这个求助也意味着学校的信任和肯定，让我备受鼓舞，让我更坚定了好好办机构的决心。介入这次事故，是我成立萤光社会工作服务中心后第一次做危机干预。充分评估后，我决定把控制网络舆论、带领相关老师做家访、给受影响班级做团辅，三管齐下。因为事故重大，各地媒体都跑来连州，希望能够做第一手报道，因为涉及学生，当时我代表学校接受了采访，就介入受害学生心理工作进行回应。此次事件，增强了机构在学校的影响力，后来组织学生开展校内、校外活动都更加顺畅了。

有一年，机构陷入困境，当我在考虑要不要放弃的时候，我们培育的一名学生志愿者在北江公益交流会上的分享让我打消了放弃的想法。他说："如果当年不是遇到小鱼姐姐（作者的昵称，编者注），可能我就和社会青年混在一起吸毒了。"我当时惊呆了，从没想过这么文静内敛的男孩子原来在他的生命中遭遇过这样的安全危机，我设计的中学生志愿者培育计划对他的影响这么大。从此，我更坚定了信心，觉得自己做社工真的很有价值和意义，虽然没政府资金支持，但为了青少年的成长，我选择了继续坚持。

刚开始的那几年，清远时不时会有招投标项目放出来，为了争取清远的招投标项目，我通宵达旦熬夜写标书，第二天一早赶车去清远投标都是常态。身边朋友都忍不住劝我要以自己的身体为重，当时我真的有拼命的感觉，因为不努力机构就要倒闭。但再多的辛苦也未必换来对等的回报，让我最崩溃的一次是，熬了两个通宵赶出来的标书等我坐大巴车送到清远的时候刚好错过了时间。那一刻，真的要崩溃了，眼睛都熬红了，只能蹲在路边哭。从那之后，我再也没投清远的标了，不是气馁，而是在参加多次的投标后深刻地认识到自己机构的短板在哪里，与其做无用功，不如实实在在多做一些有利于帮助机构树立自身优势的品牌服务。

正当以为发展得越来越好的时候，新冠疫情来了，来得让我们措手不及，每天的工作就是链接口罩等防疫资源，"您好，请问您那里有口罩吗?"这是疫情暴发初期一个月以来,我每天都通过微信或电话重复问的一句话。在"一罩难求"的情况下,我每天工作十几个小时,就是为了帮助大家寻找口罩资源,并接受市民群众的咨询。2020年初的那几天,身边的服务对象、同学、朋友等都反映买不到口罩、酒精、消毒液等防护用品,我还一度焦虑得难以入睡。为了能够找到靠谱的资源,动员了自己的朋友圈、校友群等,由于口罩价格多变,经常避免不了凌晨抢单,有时为了能买到口罩,我只能自己先垫钱,不然就无法下单。在最初的20多天里,历经波折,克服重重困难,我们协助市民群众成功采购了一批口罩、酒精、消毒液、多用途一次性手套和额温枪,为200多人提供了资源方便,缓解了燃眉之急。

整个疫情防控期间,我牵头发起了"为他买一个口罩"公益互助计划,通过这个计划,开展了两次支援行动,有效地缓解了一线防疫工作人员的燃眉之急,为他们的身心健康提供支援和保障。在学雷锋日和三八妇女节期间,我们深入家庭慰问困难儿童和残障人士家庭,为他们送上家庭防护物资包,助力困难家庭的防护工作。

随后又根据群众需要,发起"以剪抗疫"服务,通过提供义剪服务来支援乡村抗疫。我带领理发师志愿者深入乡村社区、困难家庭,为有需要的市民群众进行义剪,为村民们解决因封村带来的"头等大事",累计服务近百人。新冠疫情后期,在自己所住的辖区被划入高风险区进行封控时,我第一时间亮明身份,除了运用行政手段开展防疫工作,还充分运用社会工作视角解决封控期间的社区网格管理隐患,搭建"线上社工＋志愿者"工作队伍，通过微信群开展工作。由于我们及时介入，辖区内测核酸、物资保障、心理辅导、学习和就医等方面出现的各类问题都及时得以解决。高风险区解除封闭的时候，社区居民纷纷在群里留言感谢我们社工和志愿者的辛勤付出，负责我所在区域的高风险区工作的政府单位人员跟我说："多亏我们网格有你，不然我们网格的居民情绪不会那么平稳度过。"

与其说这次"抗疫"服务，是我带领萤光社会工作服务中心团队践行"社工＋志愿者"服务模式的一次应急实践，充分展示了社工的风采，传播了社工精神，不如说我是想通过"抗疫"服务来谋求机构的生存或是体面结束机构的发展，因为谁也没料到疫情防控工作持续了这么久，萤光社会工作服务中心早已入不敷出——中心的房东天天在催房租。那一段时间机构基本都是靠借钱保障运营。2020年6月，场地合同到期，我们本无计划搬迁，但房租涨价，我们只能委托做房产中介的志愿者姐姐帮忙寻找新场地。后来找到了现在的办公地点。2022年，因为欠下外债，又没项目，我丈夫也有怨气，我身心疲惫，感觉真的要撑不下去了，注销机构的念头时有升起。有一次去单位拜访的时候，跟一个平常很关注我机构发展的主任谈起这个事，他说："现在各行各业都困难，再坚持一下吧，应该很快就会放开疫情防控了，实在不行就裁员，哪怕暂停运作都好，你好不容易坚持都快10年了，不要注销，不然等疫情过后你再想翻身就很难了，得从头再来。"我回家想了许久，回顾过去近10年的历程：机构刚成立时一穷二白都撑过来了，现在再难也不会比10年前难了吧？就决定坚持到满10

周年，哪怕最后真的没法生存要注销，至少也努力过，无怨无悔。

2022年底，全国放开疫情防控，机构开始重新规划，开源节流，进行岗位优化，只保留了外派的社工岗位，感觉又回到10年前刚开始创业的时候，仅有光杆司令，唯一不同的是，自己成长了，社工心更坚定了。如今，自己从一个什么都没有的年轻丫头，成长为自己的背景、行业的标杆。

但行好事，莫问前程。2023年底，在多方支持下，如愿举办了萤光社会工作服务中心成立10周年庆典年会，邀请各界共同见证10年的成长历程。这不仅是萤光社会工作服务中心的成长故事，也是属于我自己、属于连州社工行业甚至清远行业陌上花开的故事。如今，中心已经满11岁，就像自己的孩子一样，回顾他的每一步成长都让人忍不住热泪盈眶。

过去的11年，靠着毅力和坚持，我走遍了三连地区及佛冈的乡镇，不断地开发项目，建设妇女儿童阵地、"一老一小"服务阵地，虽然很苦很累，但从来没有抱怨过，也正是当年回来开荒，自2013年至今，11年的时间，影响连州辖区陆续发展出3家社工机构，1家社会服务机构，2个志愿者协会，N支志愿者队伍，连州各政府部门每年向社工机构购买社工服务经费完成了从零元到过百万元的转变。虽然这些经费跟我们机构没有多大关系，但我心里是欣慰的，让我看到在自己的开荒下，在各类社会组织的努力下，社会工作这个行业、职业及专业正在逐步深入人们的日常生活，推动社会工作发展也被写进了政府工作报告。很多人都说我笨，有项目不知道去争取，不懂得怎么挣钱，做得这么辛苦有什么用？我其实也想过这个问题，但我想，推动一个行业的发展，不应该是建立在个人得失上，虽然经费对于机构生存很重要，但我希望推动的是良性竞争，而非恶意竞争，另外，我深知自己的性格和别人的付出，有些付出是跟我的价值观相悖的，我不想委屈自己去做不喜欢的事情。我一直都认为，做社工是一件让人快乐的事，哪怕是遇到困难，也不会觉得它是一个负担，而是希望这个行业变得更好。

自 2015 年起我先后被推选为清远、连州两级的共青团代表和妇女代表，组织上任命我为共青团连州市委兼职副书记，2021 年 9 月通过选举，我当选为连州市第十六届人大代表，并进入人大常委会担任社会建设委员会委员。随着身上的社会职务越来越多，我深感责任越来越重。在担任这些社会职务的过程中，我积极协助政协委员写提案推动连州社会工作和志愿服务事业发展。自己当选人大代表的这几年也先后提交了《关于加强连州社会工作从业人员专业能力提升的建议》《关于加强连州社会工作事业发展，助力乡村振兴和百千万工程的建议》《关于推进儿童口腔健康发展的建议》三份议案。每年的人大分组讨论会上，我积极宣传社会工作，极力争取将社会工作写进市政府工作报告，通过参政议政的方式深入推动社会工作和志愿服务事业的发展。有一次参加完县市人大常委会会议回家，半路上，我突然发现，我好像圆梦了，担任人大代表，可以真正做到有身份、有专业技能地为人民服务了。

每当夜深人静的时候，回顾机构的发展，泪水会忍不住溢满眼眶。为了社会工作事业，我十年如一日扎根家乡连州，一如既往坚守着"为人民服务"的童年理想，践行着"爱心助

陌上花开，可缓缓归矣

人、公义务实"的系训和"爱众亲仁、博学笃行"的校训，埋头苦干，不遗余力地推动社会工作行业的发展。因着社会工作这个专业的使命给了我无尽的力量，在为人民服务谋公义的这条路上，我坚定执着，从不后悔，所有的辛酸苦难都化为不忘初心、砥砺前行的不竭动力。

"路漫漫其修远兮，吾将上下而求索。"历经风雨十余载，我想，陌上社工花开，可缓缓归矣。

遇见生命的美好

周真莉[①]

想到孩子们第一次对我笑，想到老人第一次拉着我的手跳舞，想到和社工伙伴们加班布置活动场地，想到这18年来的陪伴……我把无限的热情投到了为老人和孩子们的服务中，放在了社会工作的岗位上。

如果说有什么事情是我一定要坚守的，我希望自己在社会工作的道路上不断沉淀积累，去陪伴更多生命的成长，让老人能够安享晚年生活，让孩子们能够提升自我效能，让自己的生命在社会工作的道路上领略不同的风景，寻找生命最好的状态。

社会工作是什么？把"社会工作"这个词拆开来看是"社会+工作"，大家觉得只要是在社会中开展的工作都可以叫作社会工作。没有接触社会工作这门学科以前，我也不了解。学习了社会工作后才知道，社会工作是一种专业的助人职业；践行了社会工作专业知识后才知道，社会工作是心灵与心灵之间的一座桥梁；理解了社会工作才知道，社会工作是生命

193

---

① 周真莉，女，中共党员，长沙市第一社会福利院社工部副部长，长沙市十佳社工、湖南省先进社会工作者、湖南省优秀社工督导。

与生命之间的成长。社会工作是我平淡生活中的涟漪，是我平凡梦想的翅膀，是我平庸路上的高光。因为学习社会工作、从事社会工作，让我更加珍惜当下的幸福时光，让我找到了自己人生的方向，实现了自我价值的升华。

初次接触社工，点亮人生梦想前行方向

高中毕业填报志愿，望着厚厚的高考填报指南，对于没有见过世面的乡下丫头来讲，我没有所谓的专家指导，父母更是不懂什么专业紧俏，我能咨询的只有我高中的班主任。班主任胡老师说高考是过独木桥，大家不要在市内大学这一条道上挤。选择志愿时，重庆市内的学校我一个都没有填报，全部都选择了外地的学校，但我又想离家近一些，看到了长沙民政职业技术学院，出于好奇，我问胡老师："民政是做什么的？"胡老师估计也不太清楚或者一时给我解释不清，索性回答说"应该是当官的"，毕竟有个"政"字在里面。我虽不是一个"官迷"，但"为民当官"听起来也是一个不错的差事，以后找工作也许还算方便。这样一想，我填报了长沙民政职业技术学院社会工作专业，稀里糊涂与社会工作结了缘。

2003 年 9 月，我正式成为长沙民政职业技术学院社会工作系社会工作专业的一名学生。但社会工作是什么我依然不太了解。从老师们的讲解中，我知道社会工作是一种助人的职业，有专业的职业操守，有专业的助人方法，但刚接触社会工作，至于社会工作是如何助人，需要具备什么样的能力，有些什么样的服务群体，从哪些方面去介入服务，社会效益如何，

我还只了解一个大概。从发的教科书来看，社会工作是在一定伦理价值理念下，通过社会工作的个案、小组、社区等工作方法，为社会的困弱群体提供支撑和帮助，以促进他们的改变，能够实现助人自助的目的。虽然学院组织了新生见面会，让优秀的毕业生给我们做分享，但社会工作具体能做些什么，我是迷茫的。

2003年10月，一场港澳台社区工作研讨会在长沙民政职业技术学院举办。这是社会工作界的一次学术盛宴，邀请了我国港澳台的社会工作专家学者、资深社工对社会工作服务进行交流分享。作为社会工作系学生会信息部的一名成员，我有幸参与了讲座，并对专家和学者们进行了采访。那是我第一次与社会工作界的大咖们见面，我被阮曾媛琪教授身上的社工气质深深地吸引，她优雅的微笑，温和的声音，眼睛就像星星一样闪着光芒，和同学们交流时，她亲切又温暖……20年过去了，这样的画面还是非常清晰地印在我的脑海里。

史铁尔教授一直告诉我们学习社会工作需要有专业的价值理念，通过港澳台社会工作专家学者，以及资深社工们对社会工作的认识、经历、体会、期望的分享，我好像懂了支撑社工服务的价值理念是什么，也较深刻地感受到社会工作是可为的，社工可以帮助困境群体、边缘群体、困难群体、特殊群体，从儿童的出生到青少年的成长，从个人的困惑到家庭的关爱，从街头的外展到集体的照护，在"以人为本，助人自助"的专业理念下，社工能够成为个人、家庭、社会的使能者，帮助个人更好地成为自己，帮助家庭更好地适应社会环境，帮助社区营造更加和谐的邻里氛围。我内心照进了一束光，豁然开

遇见生命的美好

朗：我所学习的专业与我内心的价值是那样一致，我要成为一名真正的社工，去帮助更多有需要帮助的人，让这个社会更美好。

坚定社工理想，成为一名福利院的社工

20 年前的社会工作在我国内地尚处于启蒙阶段，除了"北上广深"这些大城市开始发展社会工作，其他地方对于社会工作是什么并不是那么清楚，听到最多的是疑问——社工是不是志愿者，学雷锋？

2006 年即将毕业时，因为临时有同学不去上海实习，我得到消息，作了几分钟的思想斗争后，抓住了去上海实习的机会——这是除了重庆、长沙我去的第三个城市。听闻上海社会工作的发展走在我国内地的最前沿，我充满了对未知世界的好奇，踏上了上海实习之旅。我所实习的地方是上海浦东新区机场第二敬老院。我住的地方离这家敬老院特别远，每天来回车程要近 4 个小时。为了节约时间，我向院长和学校申请留住敬老院，很快得到了批准。邱院长为我安排了一个独立的房间，与老人们同吃同住。这使我与敬老院第一次有了深入的接触。人生中有许多的第一次，第一次总是能够体现出不同的意义，让许多事情记得清晰，比如为老人留菜这件事。朱爷爷痛风，要少吃豆制品，所以阿姨在留菜的时候特别注意。这使我第一次认识到，照护老人一定要注重老人的身体情况。80 多岁的老顽童还能身轻如燕地骑自行车，到处跑，刷新了我对老年人的认知。社工督导在开展活动时，会根据对老人的身体评估，

尽量让老人做力所能及的事情，增加其参与感……两个月的实习，让我与联点社工、院内老人、护工、管理员打成一片。我真切地与老人交流，了解老人们的需求，向社工们学习如何开展院舍活动，跟护理工作者学习如何照护老人，跟邱院长学习如何管理敬老院……这为我到长沙市第一社会福利院从事社会工作打下了良好的基础。

实习结束，正好遇到长沙市第一社会福利院成立社工部并招聘社工，史铁尔教授问我有没有意愿去应聘，虽然长沙的社会工作发展才起步，但是能够招社工说明就是一个好的开始。确实，就当时的情况，北上广深的社会工作发展得更早，更有机会，但从上海回来后，我一直在思考：如果大家都跑去北上广深，其他地区的社会工作又如何发展呢？其他地方的社会工作总要有人去做吧？

毕业时，我的同学们大多都转行，去考公务员、当老师、做老板……我很了解自己从一开始就想成为一名社工的想法，想做些专业的事情。社会工作的种子已经在我的心里生了根，发了芽，我欣然地来到长沙市第一社会福利院，应聘成为福利院第一个专业社工。谁承想，从此长沙成了我这个重庆姑娘的第二故乡。

践行社工服务，陪伴老人生命最后一程

从 2006 年毕业至今，我一直在长沙市第一社会福利院从事社会工作，18 年来我与院里的老人和孩子们建立了深厚的感情，我觉得我们不仅是工作关系，有时候是忘年交，有时候

是祖孙情，更多的时候我们就是平等的生命，相互尊重，相互接纳，相互理解，相互关心。每个生命都值得被照顾、被呵护。每一个生命都有其价值和意义，都有权利去感知生命的温暖，感受生活的美好，而我也在服务中不断积累前行的力量。

社会工作是人与人之间的工作，建立良好的服务关系，是为服务对象提供专业服务的基础保障。我会经常去陪老人们聊天，关心他们的日常生活，了解他们的人生经历，听一听他们的生命故事。有一次走访时，我看到刘爷爷推着老伴出来散步，他对老伴照顾得无微不至。我和刘爷爷聊起了他们的过往——两个人经历过生活的沧桑，因为经济条件差，年轻时刘爷爷经常外出工作，是老伴一个人撑起了这个家。刘爷爷很感激老伴的付出，现在老伴得了失智症，照顾好她成了他的一种执念和习惯。

在聊天的过程中，刘爷爷说因为生活拮据，结婚的时候婚礼非常简单，没有搞什么仪式，觉得有些愧疚。"老伴从来没有穿过婚纱，结婚50年了也没有一张像样的照片。"他说。我问他："您想拍一张婚纱照吗？"刘爷爷笑得有些合不上嘴地说："都这么老了。"看得出他有些高兴，又有些难为情。为了圆老人的心愿，我与社工部的小伙伴们将重阳节的活动主题确定为金婚纪念。但搞金婚纪念，婚纱是一个难题。我们找了许多家影楼，终于找到了一家愿意支持活动的。为了更有仪式感，我们邀请院内5对金婚夫妻一起开展了一场别开生面的金婚仪式，为爷爷奶奶们进行了精致的装扮。刘爷爷穿着西装，等待他老伴时的样子，俨然就像是新婚时那样热切，看到老伴穿着婚纱出现在他面前时，他激动得像个孩子。奶奶虽然已经患失智症，意识不清，却也露出了幸福的笑容。生命的美好被定格在这一瞬间，"结发为夫妻，恩爱两不疑"。

我突然明白，夫妻就是相互扶持，不管是 30 岁还是 80 岁，能够在一起就是一种幸福，能够与相爱的人陪伴在一起就是一件幸事。作为一名社工，我们能够让老人减少遗憾，在成就老人生命圆满时，也是我们自己生命的内在修行。

我和简奶奶是一前一后到福利院的，我来上班，她来养老，能遇见就是一种缘分。住在福利院 10 余年，她总说她有房子，但无家可归，老伴走后就只有她一个人，养女和她关系不好，她把福利院当作家，我们就是她的家人。因为性格强势，和老人们打麻将，她要争一争；护理员没有按她的要求做好，她要闹一闹；与楼上住的老伙伴因为热饭的小事要吵一吵；去医院住院也会因为病房的问题要说一说……以致院内的老人和工作人员都"怕"了她。简奶奶把一切的问题归于自己没有亲生的孩子，所以才没有依靠，别人才欺负她。

面对简奶奶这样的处境，我接纳她、理解她、支持她、陪伴她，积极为她搭建好在院内的支持网络，慢慢缓和她与养女之间的关系。其实工作人员对她都挺好的，也挺尊敬她，只是在处理问题的方式上不够灵活。我多次与护理员沟通，帮助护理员改变工作方法，缓和她们与老人之间的关系。我也找岗位社工了解她养女的情况，岗位社工反映，她的养女对她其实还不错，会给她带水果、带菜、会处理院里的一切事务，但确实看起来关系一般。我也曾找她养女了解情况，养女表示两个人见面不到 3 分钟就会吵起来，所以陪伴在一起的时间很少，而且她的身体也不好，有时候简奶奶会对她发脾气。但她还是很感激简奶奶把她带大，表示不会不管简奶奶，院里有需要协调的事情，她会全力支持，如果简奶奶要住院或办理后事什么的，她都会尽女儿的义务。

每次简奶奶住院没有人接的时候，她会给我打电话；她想去医院送锦旗，我也陪同她一起去；她想去银行取钱，我会约上志愿者一起陪同；新冠疫情期间，因为封闭管理，简奶奶要外出看牙，外出有风险，我们也积极与相关部门沟通对接。虽然我们很关心简奶奶，但是简奶奶还是会对我们有误解。我联系了人民医院的口腔科，了解是不是能够减少简奶奶的外出次数，可不可以一次性把牙给她补好。但是，因为要先塑模，还要做成牙套，然后再适配，再调整，估计是要五六个来回才行，时间跨度至少一个月。

我了解情况后及时与科室对接，把实际情况反馈给科室。但简奶奶看完牙回来很生气，说我们对她不信任。原来，医生问奶奶："您是什么人，为什么福利院会打电话给我们?"简奶奶听后，一回来就开始发脾气，说是我们在对她进行跟踪。还好她回来的时候，经过社工部进行体温检测时，我正在门口，听到了她的抱怨和指责，及时跟她做了解释工作，告诉她电话是我打的，因为担心她多次外出，科室不放心，所以打了电话了解情况，看是不是可以减少外出次数。这样一说，她总算是不多疑了。

对于治疗方案，简奶奶说："当然要听医生的，没有牙吃什么都不香，现在人老了牙口很重要。"总之，不论发生什么情况，她都要把牙看好，不论是谁来，她都是要外出的。这无疑是对福利院疫情防控的一次挑战。如果不是疫情防控期间，外出只要向科室请假就可以了。但是因为疫情防控，外出回来后，要在隔离区先留观一段时间。如果反复地外出，就会为老人生活带来不便。经多方协商，福利院最后同意简奶奶外出，但采取措施，让简奶奶先在隔离区留观，直到把牙治好为止。

随着简奶奶年龄的增长，我能做的就是给她陪伴。我对接了院里最资深的志愿者张译丹姐姐为她服务。因为张译丹姐姐为福利院特困老人服务了二十多年，人善心细，主要是能够在精神上给予老人支持，有足够的社会阅历可以与简奶奶共情，且做事沉稳，能够很好地处理与其他奶奶之间的关系。张译丹姐姐每次都会给简奶奶带好吃的、为简奶奶洗澡、陪简奶奶聊天、带简奶奶散步……很快让简奶奶感受到家人般的照护。简奶奶老是对张译丹姐姐说："只怕你是上辈子欠了我的，这辈子怎么会对我这么好。"张译丹姐姐总是笑笑说："估计是的。"我和张译丹姐姐经常交流简奶奶的情况，互相提供支持。

在生命的最后阶段，简奶奶平和多了，养女也陪在她身边。我在病房里看到她时，她认真地对女儿说："这是'周处长'，对我很好，要谢谢她。"我宽慰她身体会好起来的，要注意休息，她点点头。简奶奶的身体确实很虚弱，没有过多久就离世了。她养女邀请我和张译丹姐姐一起吃饭，说感谢那么多年来对简奶奶的关照。我和张译丹姐姐都婉拒了，这不过是我的工作职责，也是张译丹姐姐的一份爱心罢了。但我们确实是从内心深处像家人般去关心简奶奶，有时候这种关心让她感受到超越家人的温暖，我们最大的愿望就是希望她能走好生命的最后一程。

从入院到出院，我陪伴了许多的老人，也和他们之间发生了生命的联结。种下善果，就会让自己的生命更加充盈。每一位老人都是独立的个体，每位老人都会有不同的社会阅历，他们都是一本本鲜活的生命故事书。我时常翻开李爷爷送给我的结婚相册，看一看老人温和慈祥的微笑，就像是两个时空的人在相互打照面一样。想起与陈奶奶她们一起唱歌、想起与洪奶奶她们出行的那些快乐时光……十多年的陪伴，不断有老人离我们而去，想起与老人们在一起的点滴，想起黄奶奶为我点赞时说"你是'周真棒'"，想起柳爷爷、史爷爷、易奶奶他们对我的指导，温暖就如泉水一般涌入心底。说社工是为他们服务的，这种爱何尝不是相互的呢？

投入社工服务，感受生命与生命的美好

从青涩的大学生到现在两个孩子的妈妈，可以说我经历了人生的蜕变，但在福利院孩子们的心里，我一直都是他们可亲可爱的"周姐姐"。我也喜欢这样的亲切感。

记得我第一次遇到飞飞是在福利院的食堂里。当时食堂的工作人员反映，有一个孩子一人在食堂里，应该是被妈妈遗弃了。我们在院里到处找孩子的家长，都没有找到。我立刻与值班人员联系，打了110报警。随着时间的推移，飞飞发现越来越不对劲，开始哭喊要妈妈。出于仁爱之心，看到这个伤心的小男孩，还没有成家的我，自告奋勇地对他说："我就是你的妈妈，不要害怕。"飞飞哭着说："你不是，你不是，你不是我的妈妈。"这句话直击我心，是的我不是你的妈妈，可是以后你就没有自己的妈妈了。我很明白，他被遗弃了。我安慰着他说："那你叫我周姐姐吧，我陪你一起去找妈妈！好吗？"

飞飞因为下肢做了手术，不能走，我就抱着他，背着他，在院里走了两圈，让他看看妈妈在不在院里，找来找去，他没有发现自己的妈妈，哭得更伤心了。第一次遇到这样的情况，我有些手足无措，因为 110 还没有到来，流程上他还不能到我们留观区，等待的时候，还好院里那些和我在一起玩的小朋友们，这个做鬼脸，那个拿玩具，就像哥哥姐姐们一样照顾飞飞，他才慢慢平静下来。我想这或许就是孩子们之间天然的纯真感，让他不再畏惧和害怕。等到 110 来了以后，飞飞进了留观区，一待就是 10 年，我这个周姐姐一当也当了 10 年，直到他被收养，我都还记得初次见面我第一次抱他的情景。

以前福利院是一个综合性的机构，有儿童、青年和老人。刚来时，我和这些孩子们都不熟悉，有点被孩子们排斥——他们不喜欢陌生人，也不想陌生人靠近他们——孩子们在我面前表现得既调皮又捣蛋。我想，怎么样才能走进他们的心里呢？怎么样才能与他们像朋友一样相处呢？一次偶然的机会，让我和孩子们之间的防线突破了。从那以后，孩子们就把我当成了知心姐姐。

刚到福利院工作，我们就遇上福利院在修一栋 23 层的高楼用于养老。这也是全长沙市第一个公办高层养老院，是福利院里最重要的一个项目，建成后床位可达到 1000 张。正好重阳节那天，福利院里准备开展寿星公寓的奠基仪式。我们社会工作部负责奠基仪式的整个策划、布场、流程跟进工作。活动前一天晚上，我正留守在活动现场做舞台布置。孩子们也跟风一样地过来看热闹，就像这个舞台是为他们搭建的，在上面又是蹦又是跳。我出言阻止，孩子们跳得更起劲了。"你们真的太不听话了，明天有重大活动，快点下来，别把地毯搞坏了。"怎么说孩子们都不听，我被气急了——刚出校门的大学生，真是拿这些小学生没有办法，眼泪不争气地流了出来。孩子们看到了，过来安慰我说："周姐姐，你别哭了，我们不捣乱。我们就是想过来逗逗你，不是真的想搞破坏。"天真的话语，让我看到了孩子们内心的柔软，他们因为从小在福利院长大，缺乏安全感，想得到关注，却不知道如何去表达自己。从那以后我和孩子们的关系就更近了一步，院里提供了住宿，我天天以院为家，孩子们总是做完作业就来找我玩，有什么悄悄话就对我说，我也成天和他们疯在一起，不知不觉中我成了院里的"孩子王"，也成了他们喜欢的周姐姐。

　　为了满足孩子们对亲情的渴望，2010 年我策划了"给妈妈一个温暖的拥抱"母亲节主题活动，在院领导的支持下，联合《潇湘晨报》、市妇联、市民政局向社会招募"爱心妈妈"。把更多爱心引进福利院内，让孩子们得到更多的关爱，呵护他们健康快乐成长。2015 年因为许多爸爸的加入，我们把爱心妈妈群升级为爱心爸妈群。14 年过去了，这个群体一直守护着孩子们，培养孩子们学习特长，带孩子们外出游玩，接孩子们回家过年，不断激发孩子们内在的成长，给予孩子们亲情般的陪伴和温暖。有人问我，一个群体可以坚持那么多年是怎么做到的？我想说一定是有一群人有共同的愿景，有纯粹的爱，能坚守这份爱的初心，坚持这项公益事业，真心实意去关心孩子们，想让孩子们能变得更好。当然，社工在服务中耗费了许多的时间和精力，他们发挥的作用也是必不可少的。因为是志愿服务，爱心爸妈基本是利用自己的休息时间来参与服务，我也需要契合志愿者的时间，晚上和相关负责人讨论方案，周末组织开展活动。还需要长期与志愿者加强沟通，与院方业务科室对接服务需求，积极组织服务有效开展，完善群体的制度建设，提升群体的社会影响力等。或许其中还有些许委屈，有些许不被理解，但作为社工的我，心怀感激，正是有这样一群爱心朋友的陪伴、守护、付出，才让孩子们更好地走出福利院，增加他们与社会互动的机会；才让孩子们看到自己的潜能，增强他们的自信；才让孩子们感受陪伴的幸福，他们的心灵得到爱和滋养。我也在与团队的不断磨合中，更成熟，更有担当。生命与生命的遇见都会经历风雨，看见彩虹，和孩子们在一起如此，和志愿者们同行也是如此，所有经历的一切都是最美好的发生。

坚持社会工作理念，社工在福利院中发光

初来福利院时，大家对社会工作不太了解，虽然是意料之中的事情，但科室觉得没有社工，老人和孩子们一样照顾得好，护理到位了，日子过得去，没必要加入社工服务，社工只能做一些锦上添花的事，有可能还会没事找事。这样的认知还是让我有一些感伤。如何能够让大家接纳社工呢？当时社工部主任杨子江说了一句话让我记忆犹新：只有做出成绩，社工才有地位。确实如此，社会工作本来就是实务性的服务，只有社工深入一线，走近服务对象，走进科室了解他们的需求，与服务对象和科室建立好了服务关系，解决了他们的实际问题才能改变他们对社会工作的看法。

在长沙，那就要发挥出"恰（吃）得苦、霸得蛮（方言，有冲劲的意思）、耐得烦"的精神。我积极地深入一线，解决老人间的矛盾冲突，提升家属的服务满意度，协助科室处理棘手问题，丰富老幼的精神文化生活，不断营造孝爱文化氛围，慢慢地，一点一点地改变了科室主任们的看法，他们终于认同社工确实能发挥作用，助力福利院服务事业的发展。

记得有一年，福利院里开展文明城市创建活动，老人们的房间需要进行大清理。有一位孔奶奶特别喜欢到外边去收垃圾，什么纸壳、一次性塑料瓶、易拉罐、酱油瓶……她都收集，原本空间不大的宿舍，从阳台到房间，到处都堆满了物品。护理阿姨都不能进她的房间，一进去清理，就会被孔奶奶推出来。科室没有办法，请我们社工介入。原本我们和孔奶奶就建立了不错的关系，有时会像孙女一样去看她。我约上社工部的其他小伙伴一起去，但并没有一去就说要她把物品整理丢掉，而是关心她最近的生活状况，询问有没有什么需要我们帮助的。原本她还是有些防备，看我们并没有提房间东西整理的事，孔奶奶放下戒备，和我们分享她的最新收获——展示她捡回来的物品。

这次上门查看了情况以后，我们评估认为老人目前有整理的需求。但让她直接把物品拿出来，估计老人是不愿意的。我们结合这次整改要求，联合院内的老人策划开展房间美化大赛，所有老人都可以参加。让老人们重新布置自己的房间，就可以动员孔奶奶一起参加。不仅解决个案问题，也帮助其他老人提升整理房间的意识和参与感，间接推动了建设美好居住环境。

再次来到孔奶奶房间，我们以马上就到夏天为由，希望可以帮她整理整理冬天的物品，同时邀请她参加我们的房间美化大赛，不仅有社工和志愿者一起帮助她清理，还可以让她住得更加舒服，获得奖品。孔奶奶开始还是不太同意，担心自己的东西移动了以后，她会找不到。我并不着急她马上同意我们的方案，而是耐心地告诉孔奶奶，她同意移动的东西，我们才会动，她不同意移动的东西，我们就不动。实用的东西，我们就留下，不实用的东西，过期的东西，我们就帮助她处理，一切尊重她的意见，一切保护她的利益。孔奶奶又提出："东西整理了没有地方放，怎么办？"我们早就和科室商量好，提供物资保管室为孔奶奶放置，所以我向孔奶奶保证，她的物品会打包包好，写上她的名字，加个锁，放到物资保管室。孔奶奶在我们的劝说下，开始着手整理房间。能卖的我们就为她卖了变现，能用的我们就摆放整齐，不能用的我们就打包处理。

在处理过期的酸奶时，孔奶奶怎么也不愿意我们直接丢掉，她说有的食物过期了也还能吃。为了孔奶奶的健康，我毫不犹豫地打开一罐喝起来，发现明显变质了。我告诉孔奶奶这些过期酸奶真的变质了，从身体健康的角度，真的不能喝，可孔奶奶还是舍不得。我看出来她是心疼没喝就过期了。我就答应孔奶奶给她以旧换新，她把过期的酸奶给我，我给她近期的酸奶，但是她要保证在保质期内喝完才行，孔奶奶高兴地答应了。就这样，在大家的共同努力下，我们帮助孔奶奶把她的房间收拾得干净整齐。她的房间还被评为了最美房间。她自己也很高兴，谢谢我们让她有了一个良好的居住环境。我们也和孔奶奶约定，定期帮她整理房间，她也表示要少捡一些废品回来，我们一起共建美好家园。

社工要立稳脚跟，要打破原有的服务框架和格局，夯实服务是基础。在福利院服务中，我不仅与服务对象互动，也积极与医生、护士、护理员、老人家属、志愿者、爱心捐赠者等群体建立良好的互动关系，有时候家属在深夜给我发消息，我也会及时回复。有志愿者节假日来开展志愿服务，我也积极安排，曾有爱心单位为福利院捐赠橘子，到院内已经晚上10点，等卸完橘子已经夜里11点，我又带着他们往第三福利院送橘子，然后再往荣军医院送橘子，送完橘子已是凌晨3点，回到家已经是凌晨4点。爱心单位都感慨我们第一福利院的人做事认真负责。我用真诚、热情、专业的服务打动他们，为社工树立良好的服务形象。

不断提升突破，让自己成为更好的社工

从一名社会工作大学生到一名社会工作从业者，再从助理社会工作师提升到中级社会工作师，从一名专职社工转变为一名助理社工督导，再从初级社工督导提升到长沙民政职业技术学院的外聘讲师，我也在随着社会的发展，不断地提升自己的专业能力。社会工作是一个需要不断反思和学习的职业，福利院的社会工作也在随着时间的变化、业务的变化、功能的变化而对社工提出不同的要求。我也积极地参与社工的各类学习，通过不同的渠道提升自己。

毕业以后，参与长沙市民政局督导培养计划的学习使我收获最多，因为督导班的学习是以年为单位，一年后毕业合格，

为何逐光：社工的苦乐与忧喜

就可以获得见习社工督导的资质，而我那年正好怀上第二个孩子。怀着孕，保着胎，做着手术，我都没有放弃督导的学习，因为我希望自己能够更坚强一些，那么我的孩子也可以更坚强些。考虑到外出的安全，怀孕5个月的我没有去深圳参加外出培训（外出培训是一项硬指标，没有参加就不能毕业）我并不觉得可惜，反而觉得自己挺幸运，至少后面还有老师到院里指导我们的服务，我还有不断成长的空间。第二年在我积极地争取下，我进行了毕业汇报，获得了见习督导资格。我虽放慢了步伐，但也赶上了进度——那一年，长沙市民政局又启动了初级社工督导的学习，我争取到了学习的机会，经过两年的学习，我终于拿到了初级社工督导资质。从2015年到2019年，整个学习跨了4个年度，正是这4个年度的督导学习，让我在项目设计、课程开发中不断提升自己，同时参与了乡镇（街道）社工站的督导，提升了自己的督导能力。

不论面对的是福利院内的社工、实习生、志愿者，还是福利院外的社工、社区工作人员，抑或是社工学子，我总希望自己能够将所积累的社工经验与知识与他们分享。特别是成为长沙民政职业技术学院的一名校企合作老师，是我走出学校后再回学校带给母校的最好礼物。记得袁继红教授对我的鼓励："真莉做事认真扎实，做任何事情都能做好！"这句话给了我无限动力，因为得到了老师们的滋养，所以我才更具坚韧毅力，碰到困难和问题的时候，总是乐观面对。

作为一名社会工作行业的老师，我也要把这些好的品质传递给社工学子们。我通过实践小组成员对参与服务的社工进行实践督导，让他们能够了解服务对象的特征，指导他们小组方案，分享在每次小组活动中遇到的困惑，促进社工学子们实务能力的提升。在课堂上，我也总是能够想出一些有趣的活动，以丰富的形式让同学们参与式体验，体会不一样的学习氛围，给他们注入能量，让他们看到社会工作的发展前景，看到社会工作的价值，看到社会工作的使命和担当，让他们在前行的路上不迷茫。

追寻一路走过的社工印记，我收获了太多感动，想到孩子们第一次对我笑，想到老人第一次拉着我的手跳舞，想到和社工伙伴们加班布置活动场地，想到这18年来的陪伴……我把无限的热情投到了为老人和孩子们的服务中，放在了社会工作的岗位上。如果说有什么事情是我一定要坚守的，我希望自己在社会工作的道路上不断沉淀积累，去陪伴更多生命的成长，让老人能够安享晚年生活，让孩子们能够提升自我效能，让自己的生命在社会工作的道路上领略不同的风景，寻找生命最好的状态。

后 记

2023 年 6 月初，中国社会出版社余细香编辑给我打电话，说他们最近要出版"中国社工故事"系列图书，呈现近三十年来中国社会工作的贡献与发展，问是否有兴趣参加。我觉得这是很有价值的事情。从事社工教育和实务工作近三十年，接触了许许多多的一线社工，也听了他们无数的生命故事，为之感动、感慨，很想有机会把他们的精彩故事呈现出来，同时履行行业协会的责任。

湖南省社会工作协会开会决定成立编辑组，由我总负责并指导社工故事的风格、结构和修改，毕文强秘书长负责组织和联络，王志丽督导负责文字的把关、梳理。在余细香编辑的帮助下，通过编辑组的讨论决定，我们作为行业协会理当要呈现一线社工的生存状态，展示他们的生命故事。

改革开放后专业社会工作服务在内地开展工作近三十年了，一线社工们深入基层，做了大量的社会服务工作，为社会的公平、公正、可持续发展和社会治理作出了重要贡献。同时，他们又是一群默默耕耘的人，他们很少发声、很少露脸，更少有书写自己，他们在工作、生活中的辛酸苦辣鲜为人知。该书的宗旨，就是要呈现他们的生命故事，让人知晓他们的贡献和背后的隐忍及担当，为他们发声。

于是，我们马上发出征稿通知，开始收集和筛选稿件。我们从征集和推荐的五十多名社工中确定了 21 名一线社工撰写自己的生命故事，开始了近一年的社工故事写作。由于大部分社工很少涉猎这种内容的写作，初写时有的无从下笔，有的写到个人感受只是点到为止，不够深入；有的写成个人情况汇报，有的写成个人工作总结。针对这种情况，我们加大修改力度，前后进行了三轮修改。开始是个别指导修改，然后现场集体修改，最后通过腾讯会议集体修改。随着故事修改的深入，社工故事逐渐成形。通过一些感人的情节和细节叙述，开始披露真实的自我，有甘甜也有苦涩，有激越也有消沉，真实呈现了一线社工的生命状态。

随着修改的深入，有的人写不下去了，有的可能是工作太忙，也有的可能缺乏安全感，缺乏展示真实自己的勇气。一些人开始不予回应，也不再修改自己的社工故事，一些人直接告知因各种原因不能继续写下去。最后留下 12 名敢于写出自己真实生命故事的一线社工。随着故事一轮一轮修改下去，我们也见证了社工们的成长，她们开始能够比较好地表达感性的一面了，敢于书写和披露自我的东西，敢于在读诵自己的故事时，哭出声来，泪流满面，同时，也能够比较好地分析自己和总结经验。所以书写的过程也是一个表达的过程、成长的过程、反思的过程。我们认为当下一线社工特别需要这种书写与表达，这种需要、这种呈现对辛苦实干的一线社工们来说，有着积极正向的激励作用。

社工故事在编撰过程中得到了余细香编辑的精心指导——从书名的确定到内容框架以及整个过程的督导，才使得本书顺利出版。

本书由于时间问题，在收集社工故事过程中面还不够广，数量还不够多，另外社工写作水平也参差不齐，还有待提高，希望后续能够弥补。

最后，特别感谢余细香编辑的鼎力支持和精心指导，非常感谢阮曾媛琪教授情怀深挚、语重心长的序言，十分感谢香港理工大学古学斌教授写的中肯、富有启发的序言，感谢中国社会科学院大学陈涛教授的大力支持和感人的序言，感谢中山大学张和清教授《窥斑见豹》的序言，感谢不辞辛苦反复修改稿件的一线社工们、协会各位领导，感谢编辑组同事们的努力，感谢夫人杨维的建议意见和反复勘校。

史铁尔

2024 年 8 月 28 日于长沙